Raphael Thelen

STRASSE DER TRÄUME

EIN ROADTRIP AUF DER B 96

Mit Fotografien von Thomas Victor

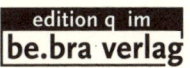

edition q im
be.bra verlag

Bibliografische Information der Deutschen Nationalbibliothek
Die Deutsche Nationalbibliothek verzeichnet diese Publikation
in der Deutschen Nationalbibliografie; detaillierte bibliografische
Daten sind im Internet über http://dnb.d-nb.de abrufbar.

© edition q im be.bra verlag GmbH, Berlin-Brandenburg, 2018
in Kooperation mit der SPIEGEL ONLINE GmbH, 2018
KulturBrauerei Haus 2
Schönhauser Allee 37, 10435 Berlin
post@bebraverlag.de
Lektorat: Robert Zagolla, Berlin
Umschlag: hawemannundmosch, Berlin
Satz: typegerecht, Berlin
Schrift: Stempel Garamond 10,5/14,5 pt
Druck und Bindung: Friedrich Pustet, Regensburg
ISBN 978-3-86124-715-9

www.bebraverlag.de

INHALT

AUFBRUCH

ROADTRIP UND TRÄUME

Eine Straße am Dresdener Theaterplatz. Es ist dunkel. Neben mir versammeln sich ein paar junge Typen. Parkas hängen von ihren schmalen Studentenschultern, ihre Hände umklammern Pappschilder, auf denen steht: »No Pegida!«

Plötzlich stürmt aus der Dunkelheit ein massiger Glatzkopf auf uns zu, schreit, drischt die rechte Faust dem Demonstranten neben mir ins Gesicht. Ich sehe, wie der Junge mit dem Rücken auf den Asphalt schlägt. Noch mehr Nazis preschen heran. Bullige Typen. Fleischgesichter. Kampfschreie. Ich drehe mich um und renne in eine Seitengasse. Sie ist hell.

Ich war zum ersten Mal in Ostdeutschland, wollte eigentlich nur einen alten Freund in Leipzig besuchen. Dann hatte mich die Journalistenneugier gepackt und ich war nach Dresden gefahren, denn dort trafen sich auf den Tag genau seit einem Jahr die Anhänger von Pegida jeden Montag auf dem Theaterplatz. Ich mischte mich unter die zwanzigtausend Menschen, die schwarz-rot-goldene Fahnen schwenkten und skandierten: »Wir sind das Volk!« Hetzte ein Redner gegen ein Mitglied der Bundesregierung, schrien sie: »Volksverräter!« Als ich meine Kamera zückte, spuckte mir jemand in den Rücken.

Am Ende der hellen Gasse sah ich einen Mann auf dem Bürgersteig kauern. Blut rann ihm von der Stirn. Ein anderer kniete neben ihm. »Jemand hat ihn mit einer Flasche niedergeschlagen«, sagte er. »Ich habe diese Scheiße so satt!« Sanitäter kamen und kümmerten sich um den Verletzten, einen Tunesier, angegriffen wegen seiner Hautfarbe. Der Mann, der ihm beigestanden hatte, stellte sich als Ulrich Wolf vor. Auch er Journalist. Die nächsten Stunden blieb ich an seiner Seite, weil er sich in den Straßen von Dresden sicher zu bewegen wusste. Der Kontakt zu ihm hielt über diese erste Begegnung hinaus. Bald darauf lernte ich ihn zu bewundern.

Auf der Rückfahrt nach Leipzig, den Kopf ans Fenster gelehnt, begriff ich: Die Menschen, die sich Montag für Montag auf dem Theaterplatz versammeln, hassen nicht nur Flüchtlinge und die Bundesregierung, sondern auch mich und meine Freunde und alles, wofür wir stehen: Freiheit, Gleichheit, Brüderlichkeit.

Bis zu dieser Begegnung waren Sachsen und Pegida für mich nur ein fernes Rauschen. Ich wurde im westdeutsch-behüteten Bonn geboren, war unpolitisch, bis die USA im Jahr 2003 in den Irak einmarschierten. Zum ersten Mal lief ich auf einer Demonstration mit. Später studierte ich Politikwissenschaft mit Schwerpunkt auf dem Nahen Osten.

Nach meinem Abschluss 2011 zog ich nach Kairo und schrieb darüber, wie ägyptische Polizisten auf dem Tahrir-Platz mit Tränengasgranaten und Schrotgewehren auf Demonstranten schossen. Später berichtete ich über die Kriege in Syrien und Afghanistan und begleitete Flüchtlinge auf ihrem Weg über den Balkan. Nach einem Zwischenstopp in Deutschland wollte ich 2015 nach Athen und darüber schreiben, wie das rigide Spardiktat, das die deutsche Regierung den Griechen aufgezwungen hatte, die dortige Gesellschaft zerstörte.

Dresden änderte alles. Plötzlich schien es mir abwegig, in anderen Ländern zu recherchieren, ehe ich nicht begriffen hatte, warum es in meinem eigenen Land brannte. Also verwarf ich meine Athen-Pläne und zog nach Leipzig. In Sachsen traf ich Menschen, die sich aus Angst vor Flüchtlingen bewaffnet hatten. Bei meinen Recherchen lernte ich den Fotografen Thomas Victor kennen. Er stammt aus Jena und war sieben als die Mauer fiel. In seiner Jugend, Anfang der Neunzigerjahre, war es normal, dass Skinheads zuschlugen, weil er Dreadlocks trug. Später studierte er in Hannover Fotojournalismus und lebte in Hamburg, bevor er mit seiner Freundin und der gemeinsamen Tochter nach Leipzig zog. Anders als früher riefen plötzlich auch Menschen aus der Mitte der Gesellschaft rechtsradikale Parolen, was ihm mehr Angst einjagt als biertrinkende Neonazis. Als Fotograf stellt er sich dem.

Wir wurden Freunde, reisten gemeinsam durch Sachsen und Mecklenburg-Vorpommern und suchten Antworten auf die Frage: »Woher kommen all die Angst, all die Wut und all der Hass?« Wir hatten gut zu tun. Viele Redaktionen verlangten nach Reportagen, die das Klischee vom dumpfen, abgehängten Osten bedienten. Lange dachten wir: »Recht so!«

Doch immer wieder begegneten wir Menschen, die nicht in dieses Klischee passten. In Coswig bei Dresden hätte es wie im nahegelegen Freital laufen können, wo rechtsradikale Horden tagelang eine Flüchtlingsunterkunft angriffen. Stattdessen lernten wir dort den Bürgermeister Frank Neupold kennen, einen Beamtentyp, spröde wie Reisig, der dafür sorgte, dass alle Flüchtlinge einen Paten erhielten. »So löst man Probleme, bevor sie eskalieren«, sagte er. »Lokalpolitik ist schließlich dazu da, damit das Leben in der Stadt Spaß macht.« Er erledigte das mit einer unaufgeregten Haltung, die wir bewunderten.

In Plauen erlebte ich, wie sich tausende Antifa-Aktivisten, Gewerkschaftler, Politiker und Bürger einem Neonazi-Aufmarsch in den Weg stellten. Und dann der hilfsbereite Mann in Dresden, Ulrich Wolf, der mit dem Wächterpreis der deutschen Tagespresse ausgezeichnet wurde, weil er trotz Drohungen der rechten Szene unbeirrt deren Umtriebe und Übergriffe anprangert. Thomas und ich nahmen das alles zu Kenntnis, berichteten aber darüber, als handele es sich um bewundernswerte Ausnahmen. Seltene Lilien, die im braunen Sumpf blühen, wunderschön, aber irgendwie nicht real. Doch lagen wir damit richtig? Vielleicht repräsentierten die Ausnahmen ja die schweigende Mehrheit?

Ich fand diesen Widerspruch auch, wenn ich die regionale mit der überregionalen Presse verglich. In der Sächsischen Zeitung, den Potsdamer Neusten Nachrichten, der Nordsee-Zeitung oder der Freien Presse entdeckte ich regelmäßig Berichte über kürzlich eingeweihte Produktionsstraßen, über neu erschlossene Baugebiete, über Unternehmen, deren Auftragsbücher überquollen und die auf Messen um Rückkehrer warben. Die überregionale Presse dagegen reproduzierte die ewig gleichen Stereotype und riss schale Witze über die »blühenden Landschaften«.

Wir überlegten: Was würde passieren, wenn wir die Perspektive wechselten und die Menschen nicht nach ihrer Wut, ihrem Hass befragten, sondern nach ihren Träumen? Schließlich verzwergt Wut den Menschen und seine Gedanken. Hass macht misstrauisch und einsam. Träume hingegen schreiten über Bestehendes hinaus. Egal, ob individuell oder gesellschaftlich, sie spenden Hoffnung, inspirieren, erheben. Nie habe ich jemanden getroffen, der von einer schlechteren Welt träumte. »Ich habe einen Traum«, sagte der amerikanische Bürgerrechtler Martin Luther King und meinte damit: Träume zielen auf das Gute, auf friedliches Zusammenleben unter Gleichen.

In der Superillu, dem Klatschblatt mit Gespür für Ostdeutschland, hatte ich von der Bundesstraße 96 gelesen. »Große Freiheit Ost« wurde sie da genannt. In unserem Büro in Leipzig pinnten Thomas und ich eine Straßenkarte an die Wand und zeichneten die 520 Kilometer lange Strecke mit

Ostdeutsche Straßenszene

einem dicken Filzstift nach: Sie startet im Dreiländereck bei Zittau, führt durch die Lausitz, vorbei an den Plattenbauten von Hoyerswerda, durch die Weiten des Spreewalds ins pulsierende Berlin, wo sie sich kurzzeitig teilt und anschließend die langgezogenen Dörfer Brandenburgs durchquert, sich durch die Mecklenburgische Seenplatte und an Neubrandenburg vorbei schlängelt, bevor sie die Ostsee erreicht und vor Rügens Kreidefelsen mit ihren traumhaften Ausblicken endet.

Wir entschieden, dass wir diese Strecke abfahren werden, um die Menschen nach ihren Träumen zu fragen.

Der Vorläufer der B 96 wurde von Kaiser Karl IV. in Auftrag gegeben. Er residierte in Böhmen und kaufte 1373 Otto dem Faulen die Mark Brandenburg ab. Um seine Besitztümer zu verbinden, ließ er eine Straße bis zu den prosperierenden Hansestädten an der Ostsee bauen. Einige hundert Jahre später, in den letzten Tagen des Zweiten Weltkriegs, hetzten Waffenbrüder unserer Großväter die Insassen der Konzentrationslager Sachsenhausen und Ravensbrück auf Märschen entlang dieser Straße zu Tode. Als Fernverkehrsstraße 96 wurde sie später zur Hauptschlagader der DDR, mancherorts noch mit Kopfstein gepflastert, oft von Bäumen gesäumt, jedem ein Begriff. Für uns sollte es eine Reise quer durchs Land und zugleich eine Expedition in den Nahbereich, in die Seelen und Träume der Menschen werden.

Doch oft gehen Träume über das hinaus, was möglich ist, und darin liegt ihre Ambivalenz. Wenn große Träume platzen, führt das nicht selten in den Alptraum. In der DDR drückte sich eine große gesellschaftliche Hoffnung in dem Lied »Brüder, zur Sonne, zur Freiheit« aus. Wer jedoch im Schatten der Mauer von Sonne und Freiheit träumte, wachte zuweilen in finsteren Gefängniszellen auf. Die Friedliche Revolution sollte dann eigentlich den Traum von Freiheit erfüllen. Stattdessen entfesselte sie den freien Markt, der Fabriken verschlang, Arbeitsplätze zerstörte und Lebenspläne vernichtete.

Doch das liegt über ein Vierteljahrhundert zurück. Also vertrauen wir unserem Reporterinstinkt, brechen mit der Unsitte, Geschichten am Schreibtisch zu recherchieren, notieren uns nur ein paar Namen, Orte, Termine, packen Kameras und Notizbücher in unsere Taschen, und an einem sonnigen Morgen starten wir von Leipzig aus in Richtung Süden.

*

Unser Auto ist ein schwarzer, gebrauchter Kombi. Ein schwankendes Schiff, auf dessen breiten Polstern wir gemütlich sitzen und das nicht nervig piepst, wenn wir uns nicht anschnallen, dessen Schrammen die Geschichten vieler Vorbesitzer und Kilometer erzählen. Thomas' letztes Auto war neuer und piepste. Einige Monate zuvor hatte ich es in ein Stauende gerammt. Totalschaden. Thomas war mir nicht böse. Trotzdem fährt jetzt meistens er.

Vor dem Fenster ziehen gelb blühende Rapsfelder vorbei, während Zweifel an mir nagen, die mich schon seit einigen Tagen beschäftigen: Ist unsere Fragestellung in Zeiten wie diesen nicht zu leichtgewichtig? Darf man im Schein brennender Flüchtlingsunterkünfte über Träume plaudern?

In Jugendtagen begeisterte mich die halb-autobiographische Erzählung »Versuch einer Heimkehr« von Erich Wolfgang Skwara. Sie handelt unter anderem davon, dass der Protagonist das Kind nicht will, das seine Frau erwartet. Erst als er eines Abends sehr betrunken ist, einigt er sich mit ihr auf einen Namen für das Kind. Am nächsten Tag setzen die Wehen ein. Frühgeburt. »Er verflucht jetzt den gestern gefundenen Namen«, schreibt Skwara. »Taucht ein Wort auf, er weiß es zu gut, sucht dieses Wort nach seiner Wirklichkeit. Ein Name schreit nach seinem Träger.«

Falls es sich wirklich so verhält, geben wir Journalisten mit unserer Faszination für die dunklen Seiten Ostdeutschlands dann nicht den falschen Leuten Auftrieb? Erschaffen wir mit unseren Berichten nicht eine Realität, die es womöglich so gar nicht gibt? Falls das so ist, liegen wir auf jeden Fall richtig damit, den Träumen der Menschen unsere Aufmerksamkeit zu schenken.

Nach einer Weile parken wir den Wagen und steigen aus. Bienenkorbförmig ragt vor uns der Berg Oybin empor. Auf dem Hochplateau steht eine Klosterruine, ihre gotischen Fensterbögen schauen aufs Land. Caspar David Friedrich malte hier sein Gemälde »Der Träumer«. Wir wollen uns diese Aussicht nicht entgehen lassen, steigen die hundertvierundzwanzig Stufen des Kirchturms hinauf, sehen ein malerisches Dorf und bewaldete Täler, die sich bis zum Horizont ziehen, und wissen: Dahinter liegen noch mehr Dörfer und Städte, da leben Menschen und ihre Geschichten, alles verbunden durch die B 96. Sie wartet auf uns.

So wie bei jedem guten Roadtrip wird es uns nicht darum gehen anzukommen, sondern darum unterwegs zu sein, sich auf Menschen einzulassen und dem Zufall Raum zu geben. Wir beeilen uns, die letzten Kilometer hinter uns zu bringen, denn wir wollen es endlich erfahren: Wird diese Reise unseren Blick auf Ostdeutschland verändern?

Blick vom Oybin

ZITTAU

Wir überqueren eine kleine Brücke und erreichen Zittau, den Startpunkt der Bundesstraße 96. Links entlang zieht sich eine graue Häuserreihe, rechts eine Fabrikmauer. Die Fenster sind eingeschlagen und mit verrotteten Spanplatten verrammelt. Unkraut wuchert in einer Dachrinne. Von einem Giebel blickt ein Frauengesicht aus Stuck müde herab. Den braunen Fabrikschlot krönt statt Rauch nur ein kleiner Mobilfunkmast.

Wir biegen rechts ab und fahren auf den Ring, der die Innenstadt umschließt. In einem leeren Schaufenster spiegeln sich die Blüten eines Fliederbuschs. Vor dem Gebäuderiegel, in dem ein Teil der Fachhochschule haust, stehen neun Fahnenmasten. Nur einer ist beflaggt: Vor dem Karminbraun der Fassade strahlt das Blau einer Europaflagge.

Hätten wir es uns aussuchen können, wir wären andernorts gestartet, hätten Zittau gemieden. Über hundert Seiten Zeitungsberichte hatte ich über die Stadt gelesen und kaum Anlass zum Träumen gefunden. Klar, einst prosperierte Zittau als Handelsstadt, exportierte feine Textilien in alle Welt, rühmte sich der friedlichen Koexistenz von Katholiken und Protestanten. Auch zu DDR-Zeiten ratterten in der Stadt moderne Webstühle, und wer dort kein Auskommen fand, hantierte in den Robur-Werken am Fließband und fertigte Lastwagen. Dann brach der »real existierende« Sozialismus zusammen. Unternehmen, die nicht von selbst pleitegingen, wurden von westdeutschen Investoren billig gekauft, geplündert und platt gemacht. Helmut Kohls Finanzminister und die Treuhand halfen dabei.

Tausende verloren ihre Arbeit, verließen die Stadt und suchten im Westen ihr Glück. Vorneweg die jungen, gut ausgebildeten Frauen. Unter denen, die dablieben, waren die Mitglieder des »Nationalen Jugendblocks«. Sie nutzten die allgemeine Verunsicherung, eröffneten ein Vereinshaus, schmückten dessen Wände mit Hakenkreuzen und veranstalteten Konzerte mit Bands, die Verse sangen wie:

Wetzt die langen Messer auf dem Bürgersteig,
Lasst die Messer flutschen in den Judenleib.

Dafür bekamen sie Geld vom Kreistag.

Zittau liegt im Dreiländereck zwischen Polen und Tschechien. Was ich als Chance begreifen würde, scheinen viele Rechte in der Stadt als Bedrohung zu empfinden: 2004 erweiterte sich die Europäische Union nach Osten und als damit die Grenzkontrollen wegfielen, begannen in Zittau lokale Bürgerwehren zu patrouillieren.

Ich hatte das alles gelesen und mich gefragt, wo ich in dieser Stadt etwas Positives finden soll. In meiner Verzweiflung rief ich ein Dutzend Altenheime an und fragte, ob ich mit Bewohnern über die Träume sprechen könne, die sie mal hatten. Glücklicherweise zündete diese traurige Idee nicht, denn die Heimleiter sagten ab: Die Bewohner seien zu alt oder dement.

Doch Zittau ist nun mal der Startpunkt der B 96. Da müssen wir durch. Also los!

*

Altstadt von Zittau

Jürg Hebestreit

Es ist der 8. Mai, der Tag, an dem vor mehr als siebzig Jahren Nazideutschland kapitulierte. Auf der Website des Rathauses hatte ich gelesen, dass auf dem Frauenfriedhof eine Gedenkfeier abgehalten wird. Auch der Oberbürgermeister würde kommen. Mit Offiziellen sprechen ist eine Krücke, mit der ich auch früher schon durch Recherchen gehumpelt bin. Ein bisschen lockt mich der Termin aber auch: Ich finde, die Träume aus der Anfangszeit von BRD und DDR sind ein guter Ausgangspunkt für diese Reise. Nach 1945 ging es um Frieden, Gerechtigkeit und Demokratie.

Der Friedhof liegt gleich am Stadtring. Thomas parkt das Auto und wir gehen durch die Friedhofspforte. Es nieselt. Links blicken Trauernde in ein frisches Grab. Wir laufen schweigend vorbei, treffen einen Friedhofswärter und fragen: »Wo finden wir das Ehrenmal?« Er zeigt in Richtung eines Pfads. Wir steigen ein paar Stufen hoch, bis wir auf einen schmalen Weg kommen. Links und rechts liegen quadratische Grabmale, am Ende ragt ein Gedenkstein in die Höhe. Der schwarze Marmor glänzt nass im Regen. Obenauf thront ein Stern und auf der Vorderseite verläuft ein Schriftzug in goldenen Buchstaben. Kyrillisch.

Wir sind zu früh dran, stehen alleine im Nieselregen, doch bald tritt ein Mann zu uns. Sehr aufrecht, breite Schultern, Altersflecken auf der Stirn, entschlossener Ausdruck. In der Hand hält er zwei rote Rosen, an denen ein Pappschildchen hängt: »KPD« steht da unter dem sowjetischen Emblem Hammer und Sichel.

Wir begrüßen uns, schweigen kurz, dann deute ich auf den Gedenkstein. »Können Sie das lesen?«, frage ich. »Selbstverständlich«, sagt er, räuspert sich und liest vor: »Ewiger Ruhm den Helden der Unabhängigkeit unseres Mutterlandes.«

Er heißt Jürg Hebestreit, ist alter Kommunist und aus diesem Grund heute hier. Sein Großvater engagierte sich in der

KPD. Auch seine Eltern waren Kommunisten. Er selbst trat mit achtzehn in die Nationale Volksarmee (NVA) ein, träumte davon, Kampfjets zu steuern, war aber einen Zentimeter zu groß. So ging er als Hubschrauberpilot zur Marine in Stralsund. Seine Mission: bundesdeutsche U-Boote jagen. Lächelnd erinnert er sich, wie sie einmal ein U-Boot geortet und in wechselnden Schichten mit Langstrecken-Hubschraubern verfolgt hatten. »Als es nach 24 Stunden auftauchte, drückte der Kapitän die Luke auf und reckte mir eine Faust entgegen«, sagt er. »Ich habe nur freundlich gewinkt.«

Hebestreit ist stolz darauf, dass die NVA als einzige deutsche Armee nie in einen Krieg gezogen und es in der DDR um Gerechtigkeit gegangen sei. »Ich sage, es war das Beste, was ein deutsches Volk haben konnte.« Deswegen hat er Verständnis dafür, dass Kommandanten von NVA-Kampfschiffen angehalten waren, Männer, die über Bord sprangen, wegen Fluchtgefahr mit der Schiffsschraube zu »zerleiern«. Und die Mauer, die sei notwendig gewesen: »Ist ja ein Haufen Leute abgehauen, die wir vorher ausgebildet haben, und es ist ja auch ein Haufen Leute reingekommen, die nichts bei uns zu suchen hatten.«

Nach der Wende nahm er seinen Abschied, weil er nicht in der Bundeswehr, beim alten Klassenfeind, dienen wollte, packte seine Sachen und fuhr die B 96 runter nach Zittau, wo er ein neues Leben begann. Heute ist sein Sohn Lehrer an der Offiziersschule der Bundeswehr in Dresden. Er verzeiht ihm nicht wirklich, dass er dort dient. Sie sprechen nicht darüber.

Hebestreit ist ein Linker, und dafür halte ich mich eigentlich auch. Aber der Befehl, Flüchtige zu zerkleinern, macht es mir schwer, mich mit seiner Einstellung zu solidarisieren. Irgendwie widersprechen sich unsere Auffassungen. Wir brauchen da einen neuen Begriff, denke ich.

Unterdessen sammeln sich immer mehr Menschen vor dem Gedenkstein. Die Haare der meisten schimmern grau und weiß. Die Männer tragen abgewetzte Lederjacken und Schiebermützen. Das faltige Gesicht einer Frau verschwindet fast unter ihrem Kopftuch. Einige, die sich auf Polnisch und Tschechisch begrüßen, kommen dazu. Alte Genossen. Man kennt sich, ist einen langen, teils leidvollen Weg gemeinsam gegangen.

Schließlich bahnt sich ein Mann in dunkelblauem Mantel und weißem Hemd einen Weg durch die Menge. Koteletten umrahmen sein rundes Gesicht. Er guckt leicht skeptisch.

»Das ist Thomas Zenker«, flüstert eine Frau neben mir. »Er ist der erste Oberbürgermeister, der zu diesem Gedenken kommt.«

Zenker legt einen Kranz aus gelben Rosen vor dem Mahnmal ab und strafft sich. »Dies ist nicht nur ein Tag des Gedenkens, sondern auch ein Tag der Freude«, sagt er. »Doch es gibt Leute in dieser Stadt, die das immer noch anders sehen. Mit dieser Kranzniederlegung möchte ich klar machen: Solange ich hier Oberbürgermeister bin, wird das nicht in Frage gestellt.«

Die Anwesenden lauschen mit ernster Miene, wie Zenker so klar gegen Rechts Stellung bezieht. Auch als im Anschluss ein Stadthistoriker einen Text über die letzten Monate des Krieges vorliest. Die Rede ist davon, dass noch zwischen März und Mai 1945 zwanzig »Fahnenflüchtige« an der Mauer des Frauenfriedhofs erschossen wurden. Aber der Redner berichtet auch, dass kurz darauf sowjetische Panzer die Stadt kampflos eroberten, wobei es zu Racheakten und Vergewaltigungen kam. Zwangsarbeiter wurden befreit. Einer von ihnen notierte in sein Tagebuch: »Auf einmal hatte ich Lederschuhe an meinen Füßen.« Dreiundzwanzig Überlebende kehrten aus dem KZ Groß-Rosen im heute polnischen Niederschle-

Gedenkfeier

sien zurück. Fünfzehn von ihnen starben in den folgenden Tagen. 1933 hatten einhundertdrei Juden in Zittau gelebt. Sieben überlebten in Verstecken. Im Juli 1945 feierte das Stadttheater die erste Premiere. »Es startete wahrscheinlich als erstes Theater in Ostdeutschland mit regulärem Spielbetrieb«, sagt der Historiker.

Ich schaue zu Zenker rüber. Er hört aufmerksam zu. Nach der Gedenkfeier gehe ich zu ihm und frage, ob er Zeit hätte, sich mit mir zu treffen. Er nickt zurückhaltend und schlägt vor, dass ich am nächsten Tag zur Eröffnung des Neiße Filmfestivals kommen solle. Er wird da eine Rede halten; während anschließend der erste Film läuft, könnten wir uns im Foyer unterhalten.

*

Es wird Abend, die Dämmerung bricht herein. Thomas und ich haben nichts mehr zu tun. Nach dem Einchecken verlassen wir unser Hotel, überqueren den Ring und gehen Richtung Innenstadt. Rechts präsentiert ein Laden restaurierte Simson-Motorroller im Schaufenster. Thomas bleibt stehen und schaut. Als Jugendlicher heizte er mit einer Simson S 51 über die Landstraßen, verkloppte sie nach dem Mauerfall für zwanzig D-Mark an den erstbesten Wessi und kaufte sich für das Geld Musikkassetten und Kaugummis. Heute ärgert er sich darüber.

Die Straße, auf der wir laufen, zieht sich in leichter Biegung bergauf. An einer Wand erahnen wir das Wort »Friseur«, doch die Buchstaben wurden wohl vor langer Zeit abmontiert und sind nur noch als Schatten zu entziffern. Hinter den Fenstern hängen weder Gardinen, noch stehen da Blumen. Türen scheinen hier seit langem nicht mehr geöffnet worden zu sein.

Am Ende der Straße wird es lebendiger: an einem Brunnen sehen wir eine junge Familie stehen, die Eis schleckt. Hinter ihnen das sogenannte Salzhaus, ein restaurierter Prachtbau mit Mansardendach. Als wir es umrunden und nach links abbiegen, stehen wir vor einem vierstöckigen gelben Schloss im Zuckerbäckerstil mit runden Fenstern, geschwungenem Tor und schlankem Turm. Das Rathaus.

Wir überqueren den Marktplatz und lassen uns über das Kopfsteinpflaster durch Gassen treiben, die sich in sanfte Kurven schmiegen. Manche Häuser sind frisch gestrichen, andere haben eine Patina auf ihren spitzen Erkern. An einem Haus prangt ein schmiedeeiserner Fahnenhalter, an einem anderen hängt eine zylinderförmige Laterne mit Messingspitze. Wild wuchern die Stile. Dass man bei der Sanierung nicht einfach alles in Pastelltönen ertränkt hat, fasziniert uns. Die Stadt wird durch eine eigene Textur geprägt.

Vor einem Haus bleiben wir stehen. Zwischen zwei Fenstern weht ein Banner in der Abendbrise: »Refugees Welcome« ist darauf gepinselt. Rund herum auf der roten Fassade prangen Farbflecken, matt wie Teer. Über der Tür steht: »Emil«. Stimmengewirr dringt heraus. Es ist wohl eine Kneipe. Wir gehen rein und setzen uns an die Bar. Die Typen neben uns tragen Zimmermannshosen, haben dicke Ringe in den Ohrläppchen, Tattoos kreisen um ihre Unterarme. An den Tischen sitzen bärtige Jungs mit Kastenbrillen, daneben junge Frauen mit Undercut und Nasenpiercings. Die Augen des Barkeepers wandern zu Thomas und mir.

Thomas pflegt diese gute Art, mit Fremden Smalltalk zu führen. Seine Mischung aus leicht suggestiven Fragen und freundlichem Nicken bringt auch den drahtigen Barmann zum Plaudern. Er erzählt, dass das Gebäude 1993 als Abrisshaus übernommen und zu einem Kulturzentrum umgebaut wurde.

Blick auf Rathaus und Markt

Bald probten Bands in den Räumen, auf Partys wurde gesoffen. Zwei Jahre später gab es hier das erste »Music Across the Border«-Festival. Als der Saalfußboden langsam einbrach, bauten die Mitglieder des Trägervereins Emil ein halbes Jahr lang um. Das Dach wurde neu gedeckt und Heizungen eingebaut. Später kam das Osteuropa-Festival dazu. Seit 2015 steht das Emil Flüchtlingen offen, weshalb Rechte das Haus mehrfach mit Farbbomben angriffen. Die schwarzen Flecken, die wir auf der Fassade gesehen haben, zeugen davon.

Heute Abend ist »Vokü« angesagt. Eine kleine Gruppe Freiwilliger bereitet Essen für alle zu. Pizza und Rucolasalat gegen Spende. Wir laden uns einen Teller voll und als wir wieder sitzen, sagt Thomas zum Barmann: »Morgen treffen wir den Bürgermeister, Thomas Zenker. Was hältst du von dem?«

Der Barkeeper guckt vom Gläserspülen auf und sagt: »Der hat das Emil mitgegründet.«

*

Am nächsten Tag setzen wir uns ins Auto und fahren zum Dreiländereck. Auf dem Weg passieren wir die trutzig wirkende Mandaukaserne, einen Militärkomplex aus dem späten 19. Jahrhundert. Links und rechts ragt je ein achteckiger Turm in den Himmel. Doch die Fassade des denkmalgeschützten Gebäudes bröckelt. Zur Sicherheit hält ein Bauzaun Neugierige auf Abstand. Nur an einigen Stellen wird scheinbar gearbeitet.

Wir kommen am Zusammenfluss von Lausitzer Neiße und Ullersbach an, parken das Auto in einer Kleingartenkolonie und spazieren im Sonnenschein auf dem Deich entlang. Als wir die tschechische, polnische und deutsche Flagge im Wind wehen sehen, sind wir enttäuscht. So bescheiden wird hier die friedliche Nachbarschaft gefeiert? Thomas legt sich bäuchlings ins Gras, die Kamera vors Auge gedrückt. Er sucht drei Grashalme, die ein Dreieck um die Flaggen bilden. Seine Krücke, um die symbolische Bedeutung sichtbar zu machen. Er gibt auf und wir fahren zurück.

*

Am Abend drängt sich auf der breiten Freitreppe des Gerhart-Hauptmann-Theaters das Publikum des 14. Neiße Filmfestivals. In dreizehn Orten in Deutschland, Tschechien und Polen werden im Lauf einer Woche neue osteuropäische Filme gezeigt. Eine Jury vergibt Preise.

Wir schlängeln uns durch die Menge, bekommen unsere Akkreditierungen und werden in die erste Sitzreihe geführt. Zenker sitzt schon da. Er begrüßt uns mit einem Nicken. Nach dem einführenden Gitarrensolo geht er auf die Bühne. Sein Hemd leuchtet weiß im Scheinwerferlicht. Er spricht vom traumhaften Dreiländereck, von Kulturschaffenden als Scouts, von der europäischen Idee einer demokratischen und säkularen Gesellschaft. Zum Schluss sagt er: »Wir hier im Dreiländereck, wir schaffen das. Daran glaube ich mit aller Macht. Wir bauen die Brücken für Europa.« Große Worte für eine kleine Stadt. Das Publikum applaudiert.

Bevor der Film beginnt, schleichen wir uns wie verabredet raus ins Foyer. Dort stöpselt eine DJane mit Afrofrisur für die anschließende Party Kabel in ihr Mischpult. Zwei junge Männer unterhalten sich auf Polnisch.

Zenker holt sich zwei Wiener Würstchen mit Senf und eine Flasche Bier, zieht sein Jackett aus und setzt sich mit mir an einen Tisch. »Das war nicht mein Lieblingstermin gestern auf dem Friedhof«, sagt er. »Denn die Linken müssen im Bereich Vergangenheitsbewältigung noch ihre Hausaufgaben machen.« Damit beginnt eine Lehrstunde darüber, wie man moderne linke Politik machen und mit dem Traum von Europa Menschen mitreißen kann, selbst in einer Region, deren Bewohner nach dem Zweiten Weltkrieg von ihren polnischen und tschechischen Nachbarn vertrieben wurden, in der Diebe sich über die Grenze stehlen und rechtsnationale Politiker Rekordergebnisse einfahren, ohne Wahlkampf machen zu müssen.

Zenker machte kurz nach der Wende sein Abitur. Seine Mutter sagte: »Bleib nicht in Zittau.« Er studierte in Leipzig, Paris und Berlin Kommunikation sowie Deutsch als Fremdsprache und verdiente sein Geld einige Jahre als Kommunikationstrainer. 2009 kehrte er nach Zittau zurück, weil seine Frau schwanger war, und arbeitete in der politischen Bildung. Eines Abends saß er mit Freunden zusammen. Wie so oft beklagten sie sich über die Zustände in der Stadt, doch dieses Mal entwickelte sich das Gespräch anders: »Dann müssen wir es halt besser machen«, beschlossen sie. Gemeinsam gründeten sie 2013 die Wählergemeinschaft »Zittau kann mehr«, die bei den Stadtratswahlen 2014 aus dem Stand den zweitgrößten Stimmenanteil erkämpfte. Und plötzlich stand die Frage im Raum: Stellt ihr einen Kandidaten für die Oberbürgermeisterwahl?

Der Amtsinhaber regierte damals schon seit vierzehn Jahren, rang mit einer Parkinson-Erkrankung. Sieben Kandidaten bewarben sich um seine Nachfolge. Die CDU setzte auf Verlässlichkeit und schickte einen Verwaltungsmann ins Rennen. Ein ehemaliger Bundespolizist setzte auf Law and Order, und selbst Zenkers Stellvertreter ließ sich aufstellen, wurde sein erbittertster Gegner.

Im Wahlkampf setzte Zenker auf europäische Öffnung, engere Zusammenarbeit mit den tschechischen und polnischen

Thomas Zenker

Nachbargemeinden, kulturelle Kooperationen. Er spendete öffentlich für ein Asylbewerberheim, bezog Stellung: »Man soll den Leuten zuhören, aber man darf nicht darin verfallen, sie nur in ihren Ängsten zu bestärken. Man muss ihnen auch sagen: ›Nein, stopp, was du da sagst, stimmt nicht.‹ Zum Beispiel, dass die Medien alle kontrolliert werden. Da muss man gegenhalten. Wir dürfen jenen, die die Angst der Menschen missbrauchen, nicht das Land überlassen.«

»Aber wie«, frage ich, »argumentiert man für offene Grenzen in einer Stadt, die mit Grenzkriminalität zu kämpfen hat?«

»Wenn mir die Unterwäsche von der Leine geklaut wird, dann ist das ein extrem unangenehmes Gefühl«, antwortet Zenker. »Und selbstverständlich ist Sicherheit eine Grundvoraussetzung. Aber das ist doch kein Thema, mit dem man seine Zukunft gestaltet.«

Im ersten Wahlgang erhielt Zenker die meisten Stimmen, aber nicht die nötige absolute Mehrheit. In der zweiten Runde verbündeten sich, bis auf die Linken, alle Parteien gegen ihn. Er gewann trotzdem. Um zu beweisen, dass die Grenze nur noch in den Köpfen der Menschen existiert, tauschte er mit dem Bürgermeister der tschechischen Stadt Liberec die Wohnung und pendelte nach Zittau. Liberec, mit seinen 102 000 Einwohnern mehr als dreimal so groß wie Zittau, liegt nur zwanzig Autominuten entfernt, wächst wirtschaftlich und sendet Impulse in die Region. Zenker will diese Impulse nutzen. »Die sächsische Politik kann sich das nicht richtig vorstellen, und so muss ich bei den Diskussionen über den Regionalentwicklungsplan immer sagen: ›Hinter Zittau ist die Welt nicht zu Ende.‹«

Auf meine Frage, wie es konkret mit den Kooperationen aussieht, sagt er: »Das ist zu viel, um es aufzuzählen.« Doch dann wird er von der eigenen Begeisterung fortgetragen:

Tschechische und polnische Ärzte arbeiten am Zittauer Krankenhaus. Dozenten aus diesen Ländern lehren an der Hochschule Zittau-Görlitz. Zum Europa-Sportfest kommen hunderte Athleten aus allen drei Ländern ins Stadion der Stadt. Einmal im Monat trifft sich Zenker mit seinen Amtskollegen aus den Nachbarstädten Bogatynia und Hrádek, um abzusprechen, wie Feuerwehren gemeinsam Brände löschen können, was unternommen wird, wenn Oder und Neiße über die Ufer treten oder Wälder im Grenzgebiet brennen. Zittauer Unternehmen finden fehlende Fachkräfte in den Nachbarländern. Und wenn Zenker ins Kino will, fährt er meistens über die Neiße, weil in Tschechien die meisten Filme im Original mit Untertiteln gezeigt werden.

Von einem Projekt träume er noch, sagt er. Es sei allerdings teuer. Eine Million Euro würde es kosten und habe noch nicht einmal einen praktischen Wert, dafür aber einen symbolischen. Gleich nach seinem Amtsantritt begann Zenker dafür zu werben, und vor einigen Wochen setzten er und seine Amtskollegen aus den Nachbarorten ihre Unterschriften unter eine Finanzierungsvereinbarung, mit der europäische Gelder eingeworben werden sollen, um das zu bauen, was auch Thomas und ich schon vermisst hatten: eine Brücke am Dreiländerpunkt. Die Entwürfe sind schon gezeichnet. Drei Arme soll sie haben und in der Mitte eine runde Fläche als Treffpunkt. »Ich bin kein emotionaler Mensch, aber wenn die steht, habe ich mal eine Träne im Auge«, sagt er.

Bevor wir uns verabschieden, sagt er noch, dass am nächsten Tag eine Gruppe Schüler aus Tschechien ins Zittauer Theater kommen würde. Sie wollten sich zusammen mit deutschen Schülern die aktuelle Inszenierung des Stücks »Fatima« der britischen Autorin Atiha Sen Gupta ansehen. Da könnten wir das alles mal live erleben.

Bis an den Bühnenrand drängen sich die Stuhlreihen in der Nebenspielstätte des Gerhart-Hauptmann-Theaters. Die Schüler füllen sie bis auf den letzten Platz. Wir stehen am Rand. Über der Bühne hängt eine Digitalanzeige, auf der die tschechische Übersetzung der Dialoge läuft.

Die Scheinwerfer leuchten auf. Auf der Bühne lümmeln sich Schüler in ihrem Klassenzimmer: Georg, Mohammed, Stacey, Aisha und Fatima, nach der das Stück benannt ist. Die bunte Mischung zeigt ein Multikulti, wie es eher nach Westdeutschland passt, leuchtet eigentlich zu bunt für den vorwiegend weißen Osten. Doch der Konflikt, um den es geht, wird auch hier erbittert ausgetragen: Gehört das Kopftuch nach Deutschland?

Georg und Fatima gehen seit zwei Jahren miteinander. Als Fatima aus den Sommerferien wiederkommt, trägt sie plötzlich Kopftuch und meidet Georg. Verletzt stellt er sie, reißt ihr das Tuch vom Kopf. Als Mohammed, Fatimas Bruder und zugleich Georgs bester Freund, wissen will, was der Scheiß soll, schnäuzt Georg vor seinen Augen in das Kopftuch. Mohammed verprügelt ihn. Auf einer Kostümparty taucht Georg im Hitlerkostüm auf, er will sich an den beiden rächen. Die Klasse auf der Bühne streitet: Fatima unterwerfe sich einer frauenfeindlichen Religion, sagen die einen. Sie habe das Recht, ihre Kultur zu leben, sagen die anderen. Sie fetzen sich: Bombenlegerin! Nazi! Kanake! Rassist! Das Stück endet unversöhnlich. Die Scheinwerfer erlöschen. Das Publikum applaudiert.

Nach kurzer Pause setzen sich die Schauspieler an den Bühnenrand. Regisseurin Patricia Hachtel guckt in die Reihen und sagt: »Gibt es Fragen zu dem Stück?«

Füße scharren. Taschen rascheln.

Neben mir stehen einige deutsche Schüler und tuscheln: »Wann kommt der Bus?«

»Fatima« im Gerhart-Hauptmann-Theater

»In fünf Minuten.«

»Nimmst du den?«

»Ja.«

»Dann lass uns abhauen.«

In die Stille hinein hebt eine tschechische Schülerin den Arm. Sie fragt den Darsteller des Georg: »Fandest Du die Reaktion von Georg okay?« Der Schauspieler sagt, dass er das Hitlerkostüm daneben fände, aber das Verhalten seiner Rolle nachvollziehen könne.

Andere Schüler melden sich:

»War das nicht übertrieben, wie es dargestellt wurde?«

»Nervt euch diese ewige Kopftuchdebatte nicht?«

»Warum tragen muslimische Mädchen überhaupt Kopftuch?«

Die Schauspieler antworten so gut sie können. Nicht immer befriedigend, aber sie nehmen das Thema ernst.

Als alle weg sind, setze ich mich zu Patricia Hachtel. Sie trägt Schwarz, was gar nicht zu ihrer herzlichen Art passt. Ihre Großmutter, eine glühende Hitler-Verehrerin, war mit einem Tschechen verheiratet und musste mit ihm und ihren drei Kindern nach dem Krieg aus dem Sudetenland fliehen. Hachtel selbst ist in Baden-Württemberg geboren. Seit drei Jahren ist sie in Zittau.

Die Anfrage der Tschechen, das Stück zu sehen, sei über das Goethe-Zentrum Pardubice gekommen, erzählt sie. Die Stimmung in Tschechien sei derzeit durch Angst vor Migranten und Hass auf sie geprägt. Eine differenzierte Diskussion sei unmöglich. Deshalb hätten die tschechischen Lehrer und Schüler das Stück sehen wollen.

Für Hachtel ist es das Beste, was passieren kann. »Wenn die Tschechen etwas veranstalten, was uns tangiert, dann fahren wir zu ihnen über die Grenze. Und wenn wir etwas machen,

Patricia Hachtel

was die interessiert, dann kommen sie zu uns. So bereichern wir uns gegenseitig.« Ob ein Theaterstück etwas bewirken kann, weiß sie nicht. Aber dass die Leute miteinander reden, darauf komme es doch an.

Zurück im Auto komme ich mir dumm vor. Auf einer Krücke bin ich in die Recherche gehumpelt, der vor Ideen sprühende Bürgermeister hat mir den Weg ins progressive Theater gezeigt, und unversehens drehe ich Pirouetten in meiner linksliberalen Blase. Dass Leute wie Zenker und Hachtel Sätze sagen, die mir gefallen, überrascht mich nicht. Dafür hätte ich nicht so weit fahren müssen. Aber was denken eigentlich die Zittauer, die nicht in Paris studiert haben und keine kritischen Theaterstücke inszenieren?

*

Ich klingle an der Tür eines Reihenhauses am Rande Zittaus. René Nestler, ein Mann um die fünfzig mit grauem Schnauzer und getönter Brille, öffnet die Tür und bittet mich herein. Im Wohnzimmer füllen Glasfigürchen einen Setzkasten, von einer Anrichte blicken Familienfotos in den Raum und in der Couchecke sitzt Nestlers Vater und mustert mich schweigend.

Ich sage, dass ich den Bürgermeister getroffen habe, im Theater war und über Zittau schreibe. »Das Theater kostet einen Haufen Geld«, kommentiert Nestler. »Da muss man aufpassen, dass die Ausgaben nicht zu sehr steigen und unserer Stadt irgendwann die Einnahmen wegbrechen.«

Er ist 1965 in Zittau geboren, arbeitete zu DDR-Zeiten als Autoschlosser in der Neustadt von Hoyerswerda, fast hundert Kilometer entfernt. In den dortigen Plattenbauten hatte jede Wohnung ein Badezimmer, bezog Fernwärme. Ein heißbegehrter Luxus. Trotzdem zog es Nestler zurück nach Zittau. Die Region war damals als »Tal der Ahnungslosen« verschrien, weil dort das Westfernsehen nicht zu empfangen war. Aber Nestler sehnte sich nach seiner Heimat. Nach der Wende schulte er um zum selbstständigen Vermögensberater. Seit einigen Jahren leitet er den Verein Freunde der Mandaukaserne e.V. Er will das historische Gemäuer bewahren. Ganz besonders seit der Zeit, als er seine Tochter täglich zum Kindergarten fuhr. Auf dem Weg glitten jedes Mal die trutzigen Mauern und Türme der Kaserne an den Autofenstern vorbei und seine Tochter sagte immer: »Das ist so ein schönes Schloss.«

2009 las er in der Zeitung, dass der Besitzer die Kaserne abreißen wollte. Dach und Gemäuer würden zerfallen. Sanieren käme zu teuer. Zwei Millionen sollte der Abriss kosten. Nestler schmerzte der Gedanke. Er bedauert auch, dass vor zweihundertfünfzig Jahren die alten Stadttore geschliffen wurden. Mit sechzig, siebzig anderen gründete er den Verein. Ihre Ansage: Mit zwei Millionen Euro können wir das Dach reparieren und den Bau sichern, sodass er nicht weiter verfällt. Es fand sich ein neuer Käufer. Unzählige Zittauer halfen bei der Instandsetzung, bis das Gebäude wieder so gesichert war, dass es nicht mehr verfiel.

Ich nicke beeindruckt und lenke das Gespräch vorsichtig auf das Thema, über das ich eigentlich sprechen will: »Und wie war das 2004, als sich die Grenze zu Polen und Tschechien öffnete?«

»Die Einbrüche haben zugenommen. Aber ich will nicht sagen, dass das die Polen waren. Es gibt in jedem Ort so und so viel Prozent, die klauen«, sagt er. »Auch bei mir im Schuppen wurde eingebrochen, ein Akkuschrauber und ein Fahrrad wurden geklaut.«

Nestlers im Wohnzimmer

Sein Vater schaltet sich ein: »Als die 2004 die Kontrollbuden an der Grenze weggerissen haben, hab ich gesagt, dass sie die besser mal stehen lassen sollten. Könnten noch gebraucht werden. Es werden in den Betrieben teure Radlader und Maschinen gestohlen und bei unseren Nachbarn haben sie am helllichten Tag die Kupferdachrinne abgeschraubt. Die kamen in Arbeitskleidung.«

»Aber wenn ich zum Tanken oder Einkaufen rüberfahre, sehe ich immer mal wieder Zollbeamte an der Grenze, und da geht ja auch tatsächlich mal einer ins Netz.«

»Das stimmt. Mittlerweile gibt's ja auch Abkommen zwischen den Ländern, dass die deutsche Polizei über die Grenze darf, um Diebe zu verfolgen. Seitdem ist's besser geworden.«

»Und es gibt Tschechen und Polen, die hier Häuser kaufen. Zum Beispiel die Familie zwei Gärten weiter. Sowas braucht Zittau.«

»Ja, die Tschechen freuen sich auch immer, wenn ich was in ihrer Sprache sage. Auch wenn ich es falsch sage. Und überhaupt: Ich habe den Krieg noch erlebt. Wollte als Kind unbedingt in die Hitlerjugend. Später dann die vielen Menschen, die vertrieben wurden. Das darf nicht mehr passieren. Wenn Deutschland, Polen und Frankreich zusammenhalten, dann ist der Frieden sicher. Darum ist die Zusammenarbeit hier wichtig.«

Wie zum Abschluss sagt Nestler: »Es ist schön, dass die Grenze offen ist. Und wegen des Diebstahls aus meinem Schuppen: Ich schließe jetzt einfach das Gartentor ab.«

*

Echt jetzt? Sind alle Zittauer so glücklich, dass die Grenzen offen sind? Ich frage noch andere Leute.

Zum Beispiel die Autotuner-Clique, die vor ihren gut sichtbar geparkten Wagen am Stadtring rumhängt und Energydrinks säuft. »Habt ihr Angst vor Autodieben?«

»Nö. Eigentlich nicht. Aber es ist gut, dass man drüben so billig tanken kann.«

Oder der vierschrötige Typ, der im Park rumsteht und aussieht, als würde er Stammtischsprüche kloppen. »Wie ist das so mit der Grenze?«

»Ach, toll! Drüben kann man gut essen und billig ist es auch noch.«

Und die Geschäftsführerin der Kreishandwerkerschaft. »Wie sieht's aus mit der Billigkonkurrenz aus dem Osten?«

»Ist eigentlich kein großes Thema mehr.«

*

Unsere Zeit in Zittau ist vorbei. Wir wollen weiter. Thomas fährt den Wagen vors Hotel. Wir werfen unsere Taschen in den Kofferraum und fahren los. Am Nordende des Rings sehen wir zum ersten Mal das gelbe, rechteckige Straßenschild, das uns die nächsten Wochen begleiten wird: B 96.

Die Sonne geht unter und taucht den Asphalt in goldenes Licht.

Vor einem verfallenen Hof fährt Thomas rechts ran. Er geht nach hinten und wühlt im Kofferraum. Ich stelle mich neben das Auto und blicke übers Autodach hinweg auf den Sonnenuntergang. Hinter mir zieht eine Frau mit Kittelschürze eine Mülltonne aus dem Hoftor, sieht uns und hält inne: »Ist schön hier, oder?«, sagt sie. Ich nicke.

»Ja, ist schön hier.«

Thomas klappt den Kofferraum zu und fragt, ob ich fahren kann. Links und rechts ziehen gelb leuchtende Rapsblüten auf sanft geschwungenen Feldern vorbei. Die erste Dunkelheit kriecht über den Horizont und bald blutet das Sonnenlicht rot aus. Ich frage Thomas, warum er nicht fahren will. Er zeigt auf die Kamera in seinem Schoß und sagt: »In der Dämmerung geschehen die krassesten Dinge.«

IN DER LAUSITZ

Wir rollen über die B 96, schauen aus dem Fenster: Traditionelle Umgebindehäuser ziehen vorbei, das untere Stockwerk massiv gemauert, oben Fachwerk oder Holz, typisch für die Lausitz. Links und rechts plätschernde Bäche, irgendwo entspringt hier die Spree, wogende Felder, Jagdvögel, die auf ihre Beute runter stoßen. Es fühlt sich an wie Urlaub.

Thomas dreht die Musik auf und erzählt, wie er mal mit dem Motorrad durch die Karpaten fuhr, abends hungrig an eine Bauernkate klopfte und ihm die hutzlige Bäuerin Speck, Eier und Milch schenkte. Als er dann satt in sein Zelt kroch, konnte er trotzdem nicht schlafen, aus Angst vor rumlaufenden Bären.

Ich erzähle, wie ich mal mit einer Freundin Teile der Route 66 abgefahren bin, beziehungsweise, wie sie fuhr und ich auf dem Beifahrersitz saß, weil ich noch keinen Führerschein hatte. Als ich dann doch zum Spaß mal fuhr, kam gleich die Polizei.

Die Dämmerung bricht herein. Wir erreichen unsere Ferienwohnung in einem kleinen Dorf mitten in der Lausitz. Der Vermieter heißt Harald. »Früher haben wir die Haustür nicht abgeschlossen«, sagt er, »aber das ist ja vorbei, seit wir diese ›Willkommenskultur‹ haben.«

Klasse, zur Begrüßung rassistische Polemik! Wir hatten sie nicht vermisst.

Dann lädt Harald uns ein, mit auf eine Kabarettveranstaltung in der Dorfkneipe zu gehen, ein Bier trinken. Nach zwei

Lausitzer Begegnung

Stunden ist die Vorstellung vorbei, das Publikum haut ab. Wir sind nur noch zu fünft. Harald, die Barfrau Andrea, ein Typ namens Peter, Thomas und ich. In Zittau trafen wir Menschen mit Träumen. Jetzt begegnen wir deren hässlichem Zwilling: dem Alptraum, der Tragödie. Wir erleben, wie die geistige Enge der Verhältnisse Peter und seinen Traum von der Liebe zerstört.

Ich stehe am Pissoir. Harald poltert durch die Tür, drängt sich ans Becken neben mir, fängt an zu politisieren:

»Also die Sachsen, sage ich mal, die waren ja schon immer sehr aufmüpfig, aber damit war dann immer Fortschritt verbunden. Ich finde, wenn ein Volk versucht sich zu wehren, ist das besser, als wenn man nur Ja-Sager vor sich hat.«

»Ja, finde ich auch …«, sage ich und frage mich von welchem Fortschritt er da genau spricht. Umfragen zufolge lehnt jeder zweite Sachse die Demokratie ab.

Harald fährt fort: »Deswegen waren die Sachsen noch nie bequem.«

Ich nicke, murmle irgendwas, ziehe meinen Reißverschluss zu und verlasse die Toilette.

In der Kneipe sehe ich Thomas an der holzvertäfelten Bar stehen. Neben ihm lehnt Peter. Ich schätze, er ist doppelt so alt wie ich. Seine Haare sind graublond, er trägt stonewashed Jeans. An seiner Lederjacke entdecke ich einen Anstecker. Ich gehe rüber.

»Ist das da eine Regenbogenfahne?«, sage ich.

»Ja. Ist dir das ein Begriff?«

»Warst du schon mal auf dem Christopher Street Day?«, fragt Thomas zurück.

»Leider nur in Dresden. Ist vielleicht der normalste, den es gibt. Aber ich Rindvieh bin aus der Stadt aufs Land gezogen.«

Harald kommt aus der Toilette zurück, platzt ins Gespräch: »Ach der! Bei dem stehen die Frauen doch Schlange!«

Dann baut er sich neben mir auf und poltert:

All die Asylanten bekämen ihre Wohnungen super eingerichtet. Arbeiten wollten die nicht, spielten ständig nur auf ihren neuen Smartphones rum. Die schickten das Geld, das sie vom Staat bekommen, nach Hause. Deswegen klauten sie Lebensmittel in Supermärkten und die Polizei hätte Order, sie laufen zu lassen. Dann kommt er zu den Deutschen: Wir könnten ja springen, wie wir wollten, wir erreichten doch keinen grünen Zweig. Die Gemeindekasse des Dorfs sei leer, weil die Asylanten jedes Jahr ein paar Milliarden kosteten.

Ich wende ein, dass die Bankenrettung 2008 mehr als fünfzig Milliarden gekostet hat, frage, warum er sich nicht darüber aufregt. Er erwidert barsch, dass die Bundesregierung die wahren Kosten für die Asylanten verschleiern würde.

Wir merken, dass wir nicht weiterkommen, und wenden uns Thomas und Peter zu. Thomas fragt gerade: »Aber sag mal, wie ist das denn hier auf dem Land? Gibt es hier Leute, die einen ähnlichen Geschmack haben wie du?«

»Nicht wirklich«, sagt Peter. »Wahrscheinlich bin ich besonders blöd.«

»Gibt wenig Vielfalt hier, was?«

»Ja, dafür müsste ich nach Berlin ziehen«, sagt Peter.

»Das solltest du vielleicht machen«, sagt Thomas vorsichtig.

»Aber ich bin schon vierzig Jahre hier.«

Harald klinkt sich ins Gespräch ein: »Ich wusste ja, dass du lange hier bist! Aber so lange?«

»Ach, du weißt auch gar nichts!«, erwidert Peter.

»Was denn?«

»Dass ich schwul bin und überhaupt.«

»Ach, schwul ist der nicht«, sagt Harald, wischt Peters Satz weg. Thomas und ich werfen uns einen Blick zu. Der Raum für dieses Gespräch schnurrt gerade auf die Größe eines Bierdeckels zusammen. Wir sind dieser Art geistiger Enge auf unseren Recherchen in Sachsen schon oft begegnet. Doch wir haben noch nie mitansehen müssen, wie sie einen Menschen zermalmt, der nicht in diese Enge passt.

»Wenn du jetzt hier lebst, ohne einen Partner, ist dir das dann nicht zu langweilig?«, versucht Thomas sich dagegen zu stemmen.

»Ja, schon … diese ganzen Jahre«, sagt Peter.

»Es muss ja einen Grund geben, dass du hier bleibst.«

»Ich mag meine Arbeit. Aber es ist auch einsam, weil ich keine Familie hab«, sagt Peter langsam. »Ja, und warum ich keine Familie hab …?« Er atmet schwer. Seine Schultern heben sich. Er hat keine Familie, weil seine Art von Liebe zu träumen hier geächtet ist, denke ich.

Dann schaut er uns an, versucht nochmal, sich zu öffnen.

»Ich will eigentlich nach Dresden zurück.«

»Aber Dresden ist doch zu anonym!«, ruft Harald.

»Ja, aber das Anonyme hat auch was, wenn man sich sonst immer zusammenreißen muss«, schießt Peter zurück.

»Also ich habe eine Freundin und ein Kind«, sagt Thomas. »Und es ist mir extrem wichtig, mit ihr zusammen zu sein. Wenn du jetzt sagst, du bleibst hier wegen der Arbeit: Was ist dann mit der Liebe?«

»Also ich würde mal sagen …«, mischt sich Harald ein. Er betont das »ich« mit breiter Brust.

Thomas unterbricht ihn: »Lass doch mal Peter sprechen.«

Der stockt. »Ach, das Privatleben, das ist vorbei. Die Gelassenheit ist weg. Ich hab's hier in der Gegend auch mal einige Zeit mit einer Frau versucht, aber nie mit einem Mann«, sagt er. »Es ist alles scheiße. Alles.«

Das letzte Wort ersäuft in einem Geräusch, das wie Lachen klingt. Oder wie Weinen.

Ich schaue ihn hilflos an.

»Scheiß der Hund drauf«, sagt Thomas, zuckt unsicher mit den Achseln.

Peter schaut auf. »Prost, Jungs!«

Er hebt das Glas. Wir stoßen an. Ich versuche abzulenken, schlage vor, ein Gruppenfoto zu machen. Wir stellen uns auf. »3, 2, … zu mir gucken«, sagt Thomas. »3, 2, 1 … 0!« Klick.

Es ist nach Mitternacht. Peter geht weg. Thomas will einen Schnaps trinken. Harald will nicht. Thomas bestellt zwei Obstler, für mich und für sich selbst. Harald lässt sich doch einen Whisky geben. Er will nicht zurückstecken.

Peter kommt zurück. Er wankt. »Ich kämpfe mit euch!«, ruft er.

»Geh nach Berlin!«, sage ich. »Leb es doch!«

Er schluchzt. »Ihr beiden Schönen!«

Harald sagt: »Ein Multitalent ist der. Der kann auch ein Musikinstrument spielen.« Er kommt mit der Situation wohl noch weniger klar als ich.

Ich greife den Satz auf: »Hast du gehört? Du kannst ein Musikinstrument spielen. Du kannst eine ganze Menge!«

»Darum geht's doch nicht«, grätscht Thomas mir rein.

»Doch«, sage ich.

»Nein«, beharrt Thomas.

Vielleicht, denke ich, muss man Peter einfach mal ein paar nette Worte sagen, ihn ein bisschen aufbauen. Aber Thomas hat Recht. Es ist ja nicht Peter, bei dem die Ursache des Problems liegt.

Thomas wendet sich wieder an Peter: »Tut mir leid, wenn wir dich ein bisschen durcheinander gebracht haben.«

»Geht alles klar«, sagt Peter.

»Man muss halt auch mal ehrlich zu sich selbst sein und sich fragen: Ist es das, was ich will?«

Reste

»Ja, ich weiß, was ich will«, sagt Peter schwer.

Ich würde gerne wissen, was er will, würde gern fragen, warum er hier bleibt, obwohl es ihn fertig macht. Doch Harald würde wahrscheinlich wieder dazwischen hauen.

Wir bestellen noch eine Runde.

»Zum Wohl, Freunde!«, sage ich und hebe das Glas.

Thomas sagt: »Auf die Freiheit des Einzelnen!«

Peter guckt mich an: »Wie geht's dir?«

»Fantastisch«, sage ich.

Er schlingt die Arme um mich. Ich klopfe ihm auf den Rücken. Patsch. Patsch. Patsch. Wie ein Judoka.

Mit schwerer Zunge fragt er: »Willst du noch was trinken?« Wir bestellen zwei Obstler, kriegen zwei Doppelte von der Barfrau.

»Du hast also kein Problem damit, dass ich schwul bin?«, fragt Peter mich. Er stöhnt laut auf, weint. »Ich. Armes. Schwules. Schwein. Scheiße. Scheiße. Scheiße.«

Er schluchzt auf meiner Schulter. Ein älterer Mann, größer als ich. Ich lache verlegen. Er lässt mich los.

»Du bist ein ganz normaler Mann«, sage ich.

»Das stimmt überhaupt nicht«, sagt er und singt dann ein paar absteigende Töne: »Ping. Pong. Pak.«

Schluss.

Was klingt wie sein Fazit aufs Leben hängt im Raum, als von draußen das Heulen einer Feuersirene in den Saal dringt. Ich blicke in die Runde. Thomas schaut in sein Glas. Peter schluchzt. Harald stürmt aus der Tür. Auch wir anderen bereiten uns zum Gehen.

Es brennt in der Lausitz.

HOYERSWERDA

Das gelbe Ortsschild gleitet an unserem Seitenfenster vorbei: »Hoyerswerda« steht da, unauffällig und klein, wie die Spitze eines Eisbergs. Jeder kennt diese eine Geschichte der Stadt. »Hoyerswerda« steht für den Sündenfall des wiedervereinigten Deutschlands.

1991 jagten Rechtsradikale, besoffen von Schnaps, einige Vietnamesen durch die grauen, harten Straßen der Stadt. Die flohen ins Heim für Gastarbeiter. Die Rechten setzten nach. »Deutschland den Deutschen«, skandierten sie auf der Wiese vor dem Gebäude. »Ausländer raus!« Bald schleuderten sie Molotowcocktails auf das Heim, schossen mit Zwillen Stahlkugeln durch die Fenster. Hunderte Anwohner umringten ihre Helden und applaudierten. Andere hingen an ihren Fenstern, die Ellenbogen auf Kissen gebettet. So gaffte es sich bequemer.

Die Polizei ging nur halbherzig dazwischen. Die Hatz mutierte zum Happening. Ein paar Straßen weiter wurden Flüchtlinge vor ihrer Unterkunft verprügelt. Tage des Hasses. Die Politik sah nur eine Möglichkeit, die Ausschreitungen zu beenden: Die Ausländer mussten weg. In Busse gepfercht wurden sie weggekarrt.

Ein Stein, ein letztes Souvenir aus Hoyerswerda, traf das Fenster eines der Busse. Das Glas barst nach innen. Im Augapfel eines Vietnamesen steckten Glassplitter. Er war einer von zweiunddreißig Verletzten.

Plattenbau in Hoyerswerda-Neustadt

»Willkommen in Hoyerswerda«, schrieb der SPIEGEL damals. »Willkommen in einem bösartigen, hässlichen, dumpfen Alltag, der bösartige, hässliche, dumpfe Menschen stanzt.«

*

Wir fahren über die B 96. Sie teilt Hoyerswerda in zwei Hälften. Rechts vor uns wachsen die Plattenbauten der Neustadt in die Höhe, überragen uns bald. Als Kind hatte ich immer Angst vor Wohnsiedlungen wie diesen. Zehn Gehminuten von der Bonner Wohnung, in der ich aufwuchs, standen ähnliche Wohntürme. Mein Bruder hatte dort mal Dresche bezogen. Auch später noch schauderte es mir, wenn ich hindurch lief.

Links von der B 96 liegt die Altstadt. Dahin biegen wir ab, überqueren den Schwarze-Elster-Kanal. Die Häuser werden niedriger, auf einer Anhöhe ragt das Schloss Hoyerswerda empor, daneben ein Zoo und ein Park. Bucklig-krumm schlängeln sich die Straßen durch die Altstadt.

Wir klingeln bei Dorit Baumeister. Wir haben gehört, dass sie viel zu sagen hat zum Thema Hoyerswerda. Sie öffnet die Tür und mit ihrem Zopf, ihrem schwarzen Outfit würde sie auf jeder Großstadtmeile bestehen. Doch in ihren Augen scheint eine tiefe Enttäuschung zu liegen. Sie führt uns in ihr Architekturbüro und entschuldigt sich: »Wegen meiner Kinder wohne ich in der Altstadt und nicht in der Neustadt«, sagt sie. »Das ist mir ein bisschen peinlich.«

Die Neustadt von Hoyerswerda atmet die Vision bedeutender Architekten. Und diese Vision ist für Baumeister alles andere als »bösartig, hässlich, dumpf«. Sie ist ein Traum, für den sie kämpft. Gegen die Betonköpfe in ihrer Stadt, die nicht sehen, dass es noch eine andere Geschichte über Hoyerswerda gibt, die sich erzählen ließe, wenn man denn wollte.

Wir wollen.

Baumeister erzählt, dass 1933 die besten Architekten und Städteplaner der Welt sich in Marseille auf einem Linienkreuzer einschifften. Auch der Großmeister jener Zeit, Le Corbusier, war an Bord. Sie fuhren über Genua, Alexandria und Zypern nach Beirut, machten einen Landausflug nach Athen. Unterwegs diskutierten sie eins der drängendsten Probleme ihrer Zeit: Die Industrialisierung ließ Europas Städte verslumen. Neben vielen Schlafzimmern lärmten Werkstätten, brodelten giftige Essen. Die Menschen hausten oft zu zehnt in fensterlosen Kammern. Es gab keine öffentlichen Parks zur Erholung nach der harten Arbeit. Krankheiten grassierten in der Enge.

Was tun?, fragten sich die Stadtplaner damals. Ihre Antworten gossen sie in 95 Thesen. Ich habe sie später nachgelesen. Drei davon lauten:

»Die Stadt hat die Pflicht, auf geistigem wie materiellem Gebiet, die Freiheit der Persönlichkeit zu gewährleisten und das gemeinschaftliche Handeln zu fördern.«

»Allem Städtebau liegen die vier Funktionen des Wohnens, der Arbeit, der Erholung und des Verkehrs zugrunde.«

»Das Privatinteresse muss dem Gemeinschaftsinteresse untergeordnet werden.«

Die später veröffentlichte Charta von Athen wurde weltweit zur Richtlinie für viele Stadtplaner. Sie fand ihren Niederschlag auch in den »16 Grundsätzen des Städtebaus« der DDR, deren Führung sich bald darauf entschloss, die Kohlevorkommen der Lausitz auszubeuten. Ein gigantischer Tagebau sollte dort ausgehoben, mehrere Kraftwerke gebaut werden. Dafür brauchte es Arbeiter. Viele Arbeiter. Hoyerswerda lag mitten in dem neuen Kohlerevier, aber es war ein Ackerbürgerstädtchen. Noch Anfang der Fünfzigerjahre lebten dort gerade ein-

Dorit Baumeister

mal 7000 Menschen. Ein Aufbaustab wurde gegründet und beauftragt, eine Stadt für 50 000 Bewohner zu entwerfen. Die zentrale Idee: Die Bereiche für Wohnen, Arbeiten, Erholung und Verkehr sollten entflochten und räumlich getrennt werden, die Planung neben funktionalen vor allem auch ästhetische Aspekte berücksichtigen.

Die Städteplaner begannen am Reißbrett ihren Traum zu entwerfen und ihn in Beton zu gießen. Jeder neue Wohnkomplex verfügte über eine Schule, Geschäfte und einen Park. Die Straßen waren für Autos gesperrt, alles war zu Fuß zu erreichen und die Kinder konnten sicher zur Schule laufen. Außerdem gab es keine Zäune: Die Stadt der Moderne sollte allen gehören.

Doch die Realität legte die Hände der Architekten bald in Fesseln. Zu viele Menschen waren im Krieg ausgebombt worden, brauchten dringend ein Dach über dem Kopf. Die Neubauten mussten günstig zu errichten sein, denn die Sowjetunion verlangte umfassende Reparationen, demontierte ganze Fabriken und die Wirtschaft krankte. Bald übernahmen fantasielose Ökonomen und Technologen die Führung in Hoyerswerda. Statistiken und Planvorgaben ersetzten Kreativität und Visionen. Der Aufbaustab wurde aufgelöst.

Dorit Baumeisters Vater, Jürgen Lienig, suchte 1968 einen Job als Planer und Architekt und gab eine Zeitungsannonce auf. Auch er war ein Anhänger der Charta von Athen, ein Großstadtmensch, ein Verfechter der Moderne, und hoffte auf eine Stelle in Leipzig oder Berlin. Doch nur Hoyerswerda meldete sich. Obwohl die Tage des großen Aufbruchs, der Wagnisse vorbei waren, zog die Familie in die Lausitz.

In den nächsten Jahren folgte Baumeister ihrem Vater auf Reisen nach Dresden, Prag, Budapest und lauschte, wenn er erklärte, welche städtebauliche Wirkung Magistralen und Plätze,

Luftbild aus den Neunzigerjahren

Cafés und Sitzbänke, Prachtbauten und Fabriken entfalteten. Von ihm lernte sie Zeichnen. Nachts sah sie ihn im Schein einer Neonleuchte in ihrem Zimmer sitzen – mehr Raum war nicht – und Pläne entwerfen, die den Geist seiner Ideale atmeten. Im staatlichen Büro durfte er das nicht.

Die große Vision der Moderne, sie wurde Baumeister früh in die Seele gestanzt.

Als Jugendliche streifte sie durch die Neustadt von Hoyerswerda. Was sie sah, die Monotonie aus Wohnblöcken, Straßen, Plätzen, machte sie wütend. Sie stritt mit ihrem Vater. Er hatte das schließlich mit zu verantworten. Dass er nicht konnte, wie er wollte, verstand sie nicht.

Der Zugang zum Abitur wurde ihr verwehrt. Ihre Eltern waren nicht linientreu genug. Sie fing eine Lehre zur Baufacharbeiterin an. Da gab es wenig Frauen und die, die es gab, wurden für gewöhnlich im Anschluss zum Studium delegiert.

Als Klassensprecherin musste Baumeister zum Ende des ersten Lehrjahrs einen Vortrag halten. Der Schuldirektor, einige Lehrer und Parteivertreter saßen ihr geschlossen gegenüber. Sie erzählte von der Realität, schönte nichts: Oft fehlte Material. Sie bekamen sinnlose Aktionen aufgetragen, zum Beispiel einen Kieshaufen von einer Stelle zur anderen zu schippen. Solche Sachen. Den Parteibonzen lief der Kopf rot an. Es war nicht das letzte Mal, dass sie Probleme bekam. Später musste ihr Vater seine Beziehungen spielen lassen, damit sie doch noch studieren durfte. Nicht Architektur, nur Hochbau.

Auch an der Uni eckte sie an, bot dem parteitreuen Staatskundelehrer Paroli, wurde nur mit Glück nicht exmatrikuliert, ging nach ihrem Abschluss nach Berlin, stellte sich in eine Telefonzelle, rief einige Kombinate an, hatte Erfolg und bekam einen Job im Denkmalschutz. Immerhin.

Nach dem Fall der Mauer fand sie in Regensburg eine Anstellung im gleichen Bereich. Sie sah, dass die Kollegen dort auch nur mit Papier, Stift und Lineal arbeiteten, und legte eine alte Angst ab: Dass die Westdeutschen ihr überlegen seien.

1992 rief Baumeisters Vater an und fragte, ob sie ihm helfen wolle, ein Architekturbüro zu eröffnen. Sie sagte ja. Widerwillig. Dafür benötigte sie die bundesdeutsche Anerkennung als Architektin. Sie stellte eine pralle Mappe mit all ihren Arbeiten zusammen, fuhr aufgeregt zur Verteidigung. Als sie vor dem Gremium stand, wurde ihr nur eine einzige Frage gestellt: ›Warum haben Sie so lange gewartet, ihre Anerkennung zu beantragen?‹ Sie erzählte ihre Geschichte mit all den Schlenkern und Widrigkeiten und sagte dann: »Architektur war immer mein Lebenstraum, den ich mir nicht erfüllen konnte, zu dem ich mich aber berufen fühle, auch wenn ich nur in Umwegen darauf zugesteuert bin.« Sie bekam ihre Anerkennung.

Mit Restwut im Bauch kehrte sie in die Stadt ihrer Jugend zurück. Doch sie war reifer, erwachsen. Sie traf sich mit ihrem Vater und seinen Architekturfreunden und begriff, gegen welche Widerstände sie angerannt waren und wie besonders die Neustadt von Hoyerswerda – trotz allem – war.

Jetzt in der Wende gab es plötzlich Geld, die Stadt auferstehen zu lassen. Bundesdeutsche Förderprogramme. Doch Baumeister und ihr Vater hatten keine Chance. Stattdessen preschten westdeutsche Architekturbüros in die Stadt. Der Baudezernent dieser Tage, ein Mann aus dem selbstgefälligen Bonn, sagte ihr: »Ihr Ostdeutschen solltet maximal Einfamilienhäuser planen. Man sieht ja, wie hässlich ihr eure Städte gebaut habt.«

Die Westdeutschen brachten ihre Konzepte mit, die nicht zu Hoyerswerda passten. Sie versäumten, sich mit dem Charakter der Stadt auseinanderzusetzen. Ein Entwurf sah vor, das

Zentrum in ein Klein-Amsterdam zu verwandeln, mit niedrigen Bauten, die sich um Kanäle scharen. Baumeister traf einen Bauingenieur, der zu ihr sagte, dass er Hoyerswerda nicht verstehe, dass die Stadt einfach nur hässlich sei. Baumeister dachte sich: »Du Idiot.«

Durch die vielen großspurigen Entwürfe verstärkte sich die allgemeine Hoffnung, die nach dem Mauerfall herrschte. Alle erwarteten den Aufbruch und Jobs und Wohlstand. Doch rasend schnell verlor die Region 40 000 Arbeitsplätze und die Stadt damit ihre Hauptfunktion. Baumeister sah sich die lokalen Bevölkerungsstatistiken an. Jährlich verließen 2 000 Menschen Hoyerswerda. An einem Punkt gab es nur noch 3 000 Kinder in der ganzen Stadt. Sie begriff: die protzigen Reden vom Aufbruch passten nicht zur Realität.

Eines Abends in der Kneipe lernte sie eine Journalistin kennen und erzählte von ihrer Diagnose. Am nächsten Tag ging die Journalistin in die Redaktion und sagte: »Ich habe gestern eine total verrückte Frau getroffen, die hat behauptet, es wird nur noch einige Jahre dauern, bis wir anfangen, die Stadt abzureißen.« Baumeister wurde zur Kassandra der Lausitz. Sie warnte, dass die Planungen fehl gingen, dass Geld verschwendet wurde, dass die realitätsfremden Entscheidungen sich rächen würden. Doch niemand glaubte ihr, niemand wollte das hören. Es passte nicht in die Erzählung vom Neuanfang. Und doch sollte sie Recht behalten.

*

Baumeister will uns durch die Neustadt führen. Wir steigen ins Auto, verlassen die Altstadt, überqueren den Kanal und fahren nordwärts. Sie zeigt uns eine alte Luftaufnahme der Stadt. Ihr Außenriss erinnert an einen Schmetterling. Der linke Flügel

Verwahrloste Ladenzeile

ist die Altstadt. Der rechte die Neustadt. Wir steuern auf die obere Spitze des Neustadtflügels zu, steigen aus und stehen im Nichts. Brachen, struppiges Gras, nackte Erde. Wo einst mehrere tausend Menschen lebten, schwanken dürre Birken im Wind.

Zur Jahrtausendwende hatten bereits 20 000 Einwohner die Stadt verlassen. Wer blieb und im falschen Wohnblock lebte, bekam einen Brief: Bitte ziehen Sie aus. Ihre Platte kommt weg.

Nachdem die Architekturbüros aus dem Westen die Fördertöpfe geleert hatten, verschwanden sie. Abrissunternehmen rückten an. Das Dröhnen ihrer Maschinen erfüllte die Stadt. Das sei eine riesige Verletzung gewesen, die da stattgefunden habe, sagt Baumeister. Viele waren in ihrer Jugend in die Neustadt gezogen, hatten in den Plattenbauten ihre Kinder großgezogen, mit den Nachbarn die Sorgen geteilt, Feste gefeiert. Und jetzt das.

Doch niemand sprach über die eigene Angst. Niemand wollte der Nestbeschmutzer sein, der die schöne neue Zeit schlecht redete. »Es war ein einziges Schweigen in der Stadt. Es war furchtbar«, sagt Baumeister. »Ich war körperlich verzweifelt.«

2002 wurde die Kulturstiftung des Bundes gegründet. Ein Bekannter, der dort arbeitete, rief Baumeister an, denn er wusste, dass sie mit einer Idee im Kopf herumlief. Er sagte: Schreib die mal schnell auf. Nur formlos. Ich bringe sie in die erste Antragsrunde. Sie tat es. Er boxte das Konzept durch.

Plötzlich hatte Baumeister 75 000 Euro und startete das Projekt »Super Umbau«. Der Wohnkomplex X stand damals vor dem Abriss. Baumeister sicherte sich Zugang zu zwei Fünfgeschossern und einem Flachbau, der einen Kindergarten beherbergt hatte. Für sechs Wochen wurde er zum Zuhause für über dreißig Künstler, die Plattenbauten wurden zu ihren

Blick aus einem Fenster in der Neustadt

Ateliers und die Ateliers zu Orten, an denen die Stadt mit sich ins Gespräch kam.

In einem Theaterstück, aufgeführt von Laienschauspielern aus der Stadt, wurde »Hier bin ich geboren« vom Liedermacher Gerhard Gundermann gespielt. Er fasste das in der Stadt herrschende Gefühl in Worte:

hier bin ich geborn
wo die kühe mager sind wie das glück
hier hab ich meine liebe verlorn
und hier krieg ich sie wieder zurück
hier liegt mein vater unter der erde
meine mutter liegt aufm balkon
hier frisst mir eine kinderherde
die letzten haare vom ballon
hier sind wir alle noch brüder und schwestern
hier sind die nullen ganz unter sich
hier isses heute nicht besser als gestern
und ein morgen gibt es hier nicht

Der öffentliche Umgang mit dem Thema brach das Schweigen. Die Menschen sprachen über ihre Sorgen und ihre Nöte. Jeder hatte mittlerweile Verwandte, Kinder, Eltern, die in den Westen gegangen waren. Viele fühlten sich einsam in der schrumpfenden Stadt, fürchteten sich vor der Zukunft. Doch gemeinsam ließ es sich leichter ertragen.

Journalisten aus ganz Deutschland, aus Australien und den USA kamen vorbei und interviewten Baumeister, auch weil Stars wie Christoph Schlingensief auftraten. Hoyerswerda wurde zum Labor für den Umgang mit Schrumpfung. So offensiv angegangen wandelte sich die Schande zur Chance.

Der Bürgermeister und drei Stadträte besuchten den »Super Umbau«, wollten sich einbringen. Andere blieben fern und ein CDU-Bundestagsabgeordneter nannte das Projekt einen »Tummelplatz für selbsternannte Künstler« und schimpfte über die vermeintliche Steuerverschwendung.

Kurz vor Schluss der Aktion gab die Band »Einstürzende Neubauten« noch ein Open-Air-Konzert. Dann kamen die Abrissbagger. »Das war alles der Wahnsinn«, sagt Baumeister. »Das hat uns alle umgehauen«. Sie war überwältigt von der positiven Resonanz.

*

Wir steigen wieder ins Auto. »Wollen wir mal versuchen, auf diese hohen Gebäude im Zentrum zu kommen?«, fragt Thomas. »Da könnte ich ein paar Fotos von der Stadt machen.«

»Blöderweise kenne ich niemanden mehr, der da wohnt und uns reinlassen könnte«, sagt Baumeister. »Hätten Sie früher Bescheid gesagt, dass sie kommen, hätte ich den Schlüssel besorgt. Aber probieren wir es einfach.«

Wir fahren die breite Straße entlang, passieren die Reste von Wohnkomplex IX und VIII. Baumeister veranstaltete in den Gebäuden die Anschlussprojekte zum »Super Umbau«. Für »Hier bin ich geboren« kippten sie und ihre Mitstreiter Lavastein in eine Etage und pflanzten Rollrasen. Sie gossen ihn während der Ausstellung, sodass er wuchs. Die Besucher hinterließen ausgetretene Pfade. »So etwas kannst du hier machen«, sagt Baumeister. »Da brauchst du keine schicken Galerien, sondern fragst einfach: ›Darf ich da rein und ein Projekt machen?‹«

Wir passieren den Lausitzer Platz. Kleine Marktbuden tummeln sich hier, in denen Verkäufer Primeln, Fischbrötchen, Jagdwurst anbieten. Nicht weit von hier stand das Vertragsarbeiterwohnheim, vor dem der Mob wütete. Bevor wir kamen,

hatten wir irgendwie gedacht, dass noch der Brandgeruch der Molotow-Cocktails in der Luft läge. Aber es wirkt friedlich. Die meisten Menschen, die wir sehen, sind betagt.

Hinter dem Platz biegen wir zweimal rechts ab. »Stellen wir uns einfach irgendwo hin«, sagt Baumeister. »Parken kostet hier nichts, weil man so viel freie Fläche hat.« Sie lacht. Ein bisschen sarkastisch. Vor allem fröhlich.

Vor uns ragt das hohe Gebäude auf. Unten ist eine Ladenzeile. Vor einem Reisebüro dreht sich ein Glücksrad. Gute-Laune-Popmusik schallt aus zwei kleinen Boxen und ein Typ mit Strohhut und Gute-Laune-Gesicht verteilt Bonbons. Thomas geht rüber, um zu fragen, ob das Reisebüro einen Schlüssel für den Zugang zur Dachterrasse des Gebäudes hat.

»Der Umbau der Dachterrasse steht für eine der Wunden, die man mir zugefügt hat«, sagt Baumeister zu mir. »Für die Gestaltung gab es einen Wettbewerb. Unser Büro hat auch mitgemacht. Man hat aber dann damals keinen ersten Platz vergeben, sondern zwei zweite Plätze. An ein Münchener Büro und an uns. Aber weil ich in einem vielgezeigten Dokumentarfilm über den anhaltenden Schrumpfungsprozess gesprochen habe, kam es nicht zu der Zusammenarbeit und weitere öffentliche Aufträge blieben erst mal aus.«

»Wieso?«, frage ich.

»Weil ich den Umgang mit der Schrumpfung kritisch hinterfragt habe«, sagt sie. »Das war eine ziemliche Krise für mich. Ich musste für ein knappes Jahr alle meine Leute entlassen.«

Doch in den Folgejahren kämpfte sie sich zurück, plante das Gebäude der Kulturfabrik und der Grundschule am Schwarze-Elster-Kanal. Große Projekte mit architektonischem Anspruch und Ausstrahlung auf ihr städtisches Umfeld. Ganz nach ihrem Geschmack.

Thomas kommt wieder. Kein Schlüssel.

Brache am Rande der Stadt

Ein Stück weiter stehen drei alte Frauen. »Wohnt jemand von Ihnen hier?«, fragt Baumeister.

»Ja«, sagt eine ältere Frau. »Wollen Sie hoch?«

»Genau.«

Sie hat einen Schlüssel und lässt uns hinein. »Ich würde das nicht bei jeder machen. Einmal haben welche geklingelt und dann die Feuerlöscher genommen und durchs Treppenhaus gespritzt und einmal alle Blumen auf der Terrasse ausgerissen. Aber Sie, Frau Baumeister, kenne ich ja, da weiß ich ja, dass Sie eine Gute sind.«

Oben angelangt, geht Baumeister an den Rand des Dachs und zeigt uns den umliegenden Park. Für sie ist er eines der Beispiele für den misslungenen Umgang mit der Schrumpfung: »Die Wohngebäude im Zentrum wurden in großem Stil ab-gerissen und heute dominieren mehr oder weniger gestaltete Freiflächen die Gegend. Aber man reißt sich doch auch nicht die Nase aus dem Gesicht. Ein Park als Stadtzentrum, das funktioniert nicht.«

Dann zeigt sie über vierzig oder fünfzig Wohnblöcke hin-weg auf einen dunklen Punkt am Horizont. Eine alte Betonfa-brik ragt da in die Höhe. »Wir verlieren immer noch Einwoh-ner. Wenn wir uns als Stadt nicht neu aufstellen und unsere Potenziale nutzen, wird bis 2050 alles zwischen uns und der Fabrik weg gerissen«, sagt sie. »Viele wollen das nicht wahr-haben.«

Doch Baumeister ist es leid zu warnen. Sie ist müde. Wieder bleiben Aufträge aus. Sobald alle ihre Mitarbeiter anderswo untergekommen sind, wird sie ihr Architekturbüro einstamp-fen. Alberne Einfamilienhäuser für Privatleute entwerfen, das will sie nicht. Ein bisschen Innenarchitektur wird sie anbieten und zusätzlich Stadtführungen. Dass jemand Hoyerswerda besser kennt als sie, kann ich mir nicht vorstellen.

Altstadtstraße in Hoyerswerda

Außerdem tritt sie eine Stelle im Citymanagement an. Sie will die Altstadt beleben, Plätze und Straßen mit Menschen füllen. Das scheitert bisher oft daran, dass die Neustädter nicht rüberkommen. Die B 96 und der Kanal scheinen bei vielen eine mentale Barriere darzustellen. Das will sie ändern.

Baumeister hat deswegen mit einer alten Freundin telefoniert. Nina Gribat promovierte über den Städtebau in Hoyerswerda und trat im Anschluss eine Professur für Entwerfen und Städtebau an der TU Darmstadt an. Im Sommer kommt sie mit zwanzig Studenten und hält eine Sommerakademie ab. Das Ziel: eine filigrane Fußgängerbrücke entwerfen, die sich in der Neustadt erhebt, über Bundesstraße, Kanal und Zoo hinwegschwebt und in der Altstadt landet.

»Das wäre doch irre, wenn das zu einem architektonischen Highlight wird und Touristen sagen: ›Da muss man mal drüber gelaufen sein‹«, sagt Baumeister. »Das sind die kleinen Merkmale, die eine Stadt braucht. Etwas Besonderes. Etwas Schönes und Mentales.« Ich schaue sie an und bemerke, dass in Momenten wie diesen, wenn Träume vor ihrem inneren Auge Gestalt annehmen, der Kummer aus ihren Augen verschwindet. Dann strahlen sie.

WELZOW

Michael Stranz tritt den Ball. Der geht flach über den Platz in Richtung des Kleintors, prallt auf einen der vielen Hubbel, verspringt, landet im Aus, das hier durch keine Linie markiert ist. »Noch ein Zielwässerchen trinken!«, ruft einer seiner Freunde. Ingo, Wolfgang, Dietmar, Steffen, Uwe und Rainer spielen mit. Sie kennen sich seit Jahrzehnten. Einer trägt Bandagen an beiden Knien, fast alle tragen einen kleinen Bauch vor sich her. Schorsch ist auch da, kickt aber nicht mit. Die Leiste schmerzt vom letzten Mal. Michael Stranz ist mit achtundvierzig Jahren der Jüngste. Und Vorsitzender des SV Borussia 09 Welzow. In seinem Gesicht strahlen zwei freundliche Augen und seine Mundwinkel scheinen stets auf das nächste Lächeln zu warten, obwohl ein bitteres Wissen an ihnen zerrt.

Welzow. Noch eine Stadt, die untergeht: Pleiten, Arbeitslosigkeit, Abwanderung. Dank des angrenzenden Braunkohletagebaus einst eine der reichsten Städte der DDR, dümpelt sie mit dem umliegenden Spree-Neiße-Kreis in deutschlandweiten Studien beim Thema Jobentwicklung auf Platz 402 von 402. Die gutbezahlten Jobs, die es noch gibt, hängen daran, dass im Tagebau weiter nach Kohle gegraben wird. Doch das geht nur, wenn er noch größer wird und damit – Straße für Straße, Haus für Haus, Sportplatz für Sportplatz – Welzow und die umliegenden Dörfer vernichtet.

Wovon träumt es sich in so einer Stadt, die nur schlechte Optionen hat?

Altherrenmannschaft auf dem Sportplatz

Um das zu fragen, treffen wir Stranz auf dem Fußballplatz und schnell begreifen wir, dass es einen großen Unterschied zu Hoyerswerda gibt: Welzow mit seinen niedrigen Häusern und aufgeräumten Sträßchen ist so klein, dass man sich kennt. Es ist familiär. Dass diese Familie zusammenhält, dafür kämpft Michael Stranz auf und neben dem Platz und das tut er auch noch im Kleinen, abseits des Rampenlichts, was ihn in meinen Augen zu einem ganz Großen macht.

Warum er das tut, verstehen Thomas und ich, als wir nach dem Spiel bei den Männern auf den Bänken der Spielerkabine sitzen. In der Mitte steht ein Bierkasten. Stutzen werden heruntergerollt. Verschwitzte Füße aus Stollenschuhen befreit. Flasche an Flasche aufgemacht. Es schmeckt und riecht vertraut.

Dann schwelgen sie in Erinnerungen:

»Früher hatten wir alles: Kneipen. Bäckereien.«

»Fleischereien.«

»Ein Sportgeschäft!«

»Ein schönes Kino haben wir auch gehabt, die Scala-Lichtspiele.«

»Da hat man in der Loge gesessen und im Dunkeln geknutscht.«

»Und hinten haben sie gesoffen und dann die Flaschen unter den Sitzen durchgerollt. 30 Meter mit diesem lauten Geräusch: rung, rung, rung.«

»Dann ging das Licht wieder an und die Alte kam reingestürmt: ›Was ist hier los?!‹«

»Und das City Hotel war früher Haus der Jugend. Da war immer Disco, Disco, Disco.«

»Um zehn war Ausweiskontrolle, da gingen die Aufpasser durch.«

»Wenn du ’ne Olle hattest, musstest du in einen Knutschmarathon übergehen, dann haben sie nicht dazwischengefunkt.«

Ihre Erinnerungen an früher sind nicht von den sportlichen Erfolgen geprägt, davon gab es nicht so viele, sondern von den gemeinsamen Erlebnissen. Als sie zu Partys in den Nachbarort Petershain fuhren, wo die Mädels hübsch waren, aber auch argusäugig bewacht von den Petershainer Jungs. Als sie von einem befreundeten Fahrer im Fünf-Sterne-Bus zu einem Spiel nach Cottbus gefahren wurden, und drinnen sitzen blieben, bis von draußen einer rief: »Ey, wo bleibt ihr denn?«, damit sie sagen konnten: »Du, der Film ist noch nicht zu Ende!« Als sich einer mal wieder nach dem Spiel lieber mit den Kollegen im Vereinsheim besoff anstatt nach Hause zu seiner Frau zu gehen, und darüber die Ehe zerbrach.

Nach und nach gehen sie duschen, stopfen ihre Trikots in die Taschen, trinken den letzten Schluck Bier. Dann gehen sie auseinander. Zu ihren Frauen, in ihre Häuser, hinter die Gardinen und Zäune.

Auch Stranz packt zusammen. »Heute ist das so«, sagt er: »Wenn die Jungen abends ausgehen, ist das wie eine Sternfahrt in alle Orte. Die wachsen hier auf, kennen sich aber teilweise nicht mehr.« Er träumt davon, dass es auch für seinen Sohn Robert so sein könnte wie für ihn: dass er alle seine Freunde vom Fußball kennt.

Am nächsten Tag steht er auf der flachen Betontribüne des Stadions »Am Volkshaus« des SV Einheit Drebkau. Die Fassade des Volkshauses hinter ihm bröckelt. Die Fensterscheiben sind zerschlagen. Im Garten wuchert das Unkraut hüfthoch.

Robert spielt in der A-Jugend. Heute kicken sie hier in Drebkau, auswärts. Dreißig Zuschauer versammeln sich an den Außenlinien, die meisten aus Welzow. Michael Stranz ist der einzige, der das schwarz-gelbe Poloshirt des Vereins trägt.

Der Schiedsrichter pfeift zum Anstoß, die Spieler aus Welzow drängen in den gegnerischen Strafraum: Pass, Pass,

Schuss – vorbei. Abschlag. Drebkau prescht nach vorne. Zwei Spieler prallen gegeneinander. Ein Welzower fällt. Die Trage wird aufs Feld gebracht. Zwei Spieler packen an, schleppen ihren Kumpel raus. Welzow hat nur einen Auswechselspieler. Der andere ist auf Schicht im Tagebau.

Halbzeit.

Michael Stranz trat mit sechs Jahren in den Verein ein. Sein erster Mitgliedsausweis von damals liegt noch zu Hause. Sein Vater war damals erster Vorsitzender. Heute macht er den Job. Er hat an jeder Bank, jedem Tor, jedem Schuppen mitgebaut, der in Welzow auf dem Platz steht. Dazu erledigt er den Papierkrieg, ärgert sich mit Staffelleitern rum, weist dem Finanzamt Jahr für Jahr nach, dass der Verein gemeinnützig ist, dass alle Gelder für den Sachzweck ausgegeben wurden. Dabei reicht das Geld gerade mal für Trikots und ein paar Bälle. Kein Trainer, kein Spieler bekommt Geld.

Stranz hilft den Bierwagen des Vereins aufzustellen, wenn es in Welzow ein Straßenfest gibt, und vertritt den Verein, wenn das City Hotel alljährlich einen großen Weihnachtskalender für die Kinder der Stadt veranstaltet. Er gibt alles, und doch reicht es nicht. Der Verein findet nicht genug Nachwuchs. Stranz' frühere Mannschaftskameraden bekommen fast alle Töchter. Die tanzen lieber im Karnevalsverein. Für Dreizehn- bis Sechzehnjährige gibt es deshalb in Welzow keine Fußballmannschaft. Sein Sohn Robert wollte in dem Alter trotzdem spielen. Auch, um später in seine Heimatstadt zurückzukehren und in die Fußstapfen seines Vaters zu treten. Also fuhr Stranz ihn drei Jahre lang jeden Donnerstag zum Training in einen Nachbarort und an den Wochenenden zu den Spielen. Weil er schon mal da war, machte er gleich den Linienrichter. Denn Rumstehen fand er langweilig, und so lernte er gleich ein paar nette Eltern kennen.

Michael Stranz

Als Robert achtzehn wurde, wechselte er zurück in den Heimatverein, machte sein erstes Spiel, dann sein zweites, und dann: Kreuzbandriss. Anderthalb Jahre musste er pausieren. Heute spielt er wieder.

Anpfiff zweite Halbzeit. Drebkau passt quer durchs Mittelfeld, verliert den Ball. Welzow drängt nach vorne, schießt aufs Tor, der Ball prallt ab, landet neben dem Spielfeld in einem Bach. Ein Junge mit roter Kappe dreht sich zu Michael Stranz um: »Was ist, wenn auch der zweite Ball im Bach landet?«

Stranz sagt: »Keine Ahnung, ob die noch einen dritten Ball haben. Falls nicht, ist dann Schluss.«

89. Minute. Einwurf für Welzow. Der Ball kommt hoch rein Richtung Strafraum. Die Spieler der beiden Teams schubsen und treten einander. Zwei Welzower gehen zu Boden. Das Spiel läuft weiter.

Stranz brüllt: »Schiri, guck doch mal hin!«

Schuss. Vorbei. Abpfiff.

Stranz geht aufs Feld, klatscht die Spieler ab, die noch stehen. Den Liegenden klopft er auf den Rücken. Immerhin ein 0:0.

»Spaß macht das nicht immer. Manchmal könnte ich mir auch schönere Wochenenden vorstellen«, sagt er. Aber schon so nach vier, fünf Wochen Sommerpause freu ich mich, dass es bald wieder losgeht.«

Und er kann hoffen: Es ist Robert, der nach dem Spiel die dreckigen Trikots und die Bälle einsammelt, in seinen Kofferraum packt und zurückfährt. Kürzlich hat er außerdem seine Ausbildung zum Industriemechaniker im Tagebau abgeschlossen und einen Jahresvertrag ergattert. Er wird Welzow also erst mal nicht verlassen müssen.

*

Thomas und ich fahren zum City Hotel, unserer Bleibe. Es ist das Hotel, wo früher immer Party, Party, Party war und jährlich der Weihnachtskalender stattfindet. Es wird geleitet von Gundi Jentsch und Ehemann Michael. Gundi – deren Umarmung sich anfühlt wie die einer Bärenmutter – ist das kollektive Gedächtnis der Stadt.

Thomas und ich mussten angesichts der ausgestorbenen Straßen ein bisschen lachen über den pompösen Namen City Hotel. Aber letztlich ist er nur Ausdruck der Träume, die Gundi einmal für dieses riesige Haus hatte: Eine Goldgrube sollte es werden. Ein Hort der Gemütlichkeit ist es geworden.

Im Restaurant liegt schummriges Licht über den Sitznischen mit ihren stoffbezogenen Eckbänken. Messingarmaturen schimmern matt. Auf den Fensterbänken und über der Theke drängt sich altes Porzellan, schimmert matt wie eine Erinnerung an glückliche Tage.

Wir lesen gerade die Karte – Soljanka, Wildbraten mit Apfelrotkohl, Putensteak überbacken mit Ananas –, als Gundi sich zu uns in die Nische stellt. Sie plauscht gerne. Als junge Kellnerin sollte sie das Jugendhaus – so hieß das damals – übergangsweise für einige Wochen führen. Das alte Kneipierspaar soff zu viel. Doch ein passender Nachfolger fand sich nicht und Gundi, ganz treue Genossin, übernahm den Laden dauerhaft, stand ihre Frau und liebte die Herausforderung: Sie luchste den HO-Läden den besten Schnaps ab, veranstaltete Konzerte mit den wildesten Bands und buchte Partys für die bekanntesten Diskotheker.

Als die Mauer fiel, verlor Michael Jentsch seine Stelle als Sprenger im Tagebau. Im Sauerland gab's einen Job in einem Steinbruch. Eine nahegelegene Gaststätte stand auch zum Verkauf. Gundi hätte ihrer Leidenschaft frönen können. Glückstrahlend stiegen sie morgens in ihr Auto und fuhren

Straße in Welzow

los. Während die mitteldeutschen Wälder vor den Fenstern vorbeirauschten, wurde ihre jugendliche Tochter immer stiller. Angekommen besichtigten die drei die Gaststätte: Passt. Besichtigten die Schule: Passt. Besuchten die Bank und klärten die Kreditmodalitäten: Passt. Gundi und Micha waren überzeugt: Jetzt geht's richtig los! Dann schaute ihre Tochter sie mit großen Augen an und sagte: »Aber Mutti, Vati, unser Zuhause ist das nicht.« Während der Rückfahrt sagte sie nichts mehr, bekam hohes Fieber. Kurz vor Welzow drehte Michael sich zu ihr um und sagte: »Du musst kein Fieber mehr kriegen. Es ist alles gut. Wir bleiben zu Hause und ziehen nicht ins Sauerland.«

Also legten sie sich in Welzow ins Zeug. Das alte Jugendhaus wurde zum City Hotel. Sie fuhren nach Berlin, klopften bei großen Clubs an die Hintertür und fragten, ob sie mal schauen dürften, wie die das so machen mit dem Licht und der Musik. Sie renovierten das Gebäude, stellten Pflanzen auf, bauten einen Dancefloor. Sie organisierten Ladies Nights, führten eine Happy Hour ein und veranstalteten Modenschauen mit Bergmannsklüften. Und auf Anfrage der Westdeutschen, die für Geschäfte in die Stadt einfielen: Strip-Shows.

Oft saßen die Geschäftemacher am Tresen und prahlten: »Gerade wieder einen Riesenabschluss gemacht! Die Baumaschinen, die wir hier produzieren werden, exportieren wir bis nach China!« Daneben saßen die Welzower, die das mitbekamen. Hoffnung keimte, dass neue Jobs entstehen würden. Vielleicht nicht mehr für die Alten, aber bestimmt für die Jungen! Doch sobald die staatliche Förderung auslief, waren die Westinvestoren weg, die Träume platzten. »Da haben wir kapiert, dass stimmte, was in der DDR in den Büchern stand: Kapitalismus ist Ausbeutung des Menschen durch den Menschen.«

Frust griff um sich. Auf einer Party zerschlugen Jugendliche die neu eingebauten Toilettenschüsseln, zerdroschen die Kabinentüren. Vor der Eingangstür hatte Gundi buschige Lebensbäume in Blumentöpfe gepflanzt. Zwei Halbstarke rissen sie raus. Michael sah das. Ihn packte die Wut. Er griff sich einen der beiden und knallte ihn auf den Asphalt. Gundi stürzte zur Tür hinaus, griff einen der Lebensbäume und schlug dem anderen die dreckige Wurzel ins Gesicht. Es war die letzte Partynacht. Fortan gab's nur noch Oldie-Disco, Sommernachtstanz, Brunch.

Bevor die Menschen Welzow verließen, kamen sie bei Gundi vorbei und gaben einige ihrer Sachen ab. Damit etwas da ist, wenn sie mal wieder zu Besuch kommen.

»Wo bist du geboren?«, fragt mich Gundi.

»In Bonn«, sage ich.

»Fährst du auch gerne mal nach Hause?«

»Ja, gelegentlich, um meine Familie zu sehen.«

»Und was machst du, wenn du da bist? Du gehst doch bestimmt auch mal gucken: Ach, da bin ich zur Schule gegangen und da hab ich gewohnt. Aber wenn du älter wirst, das erzählen mir viele Gäste, gehst du durch die Straßen und vieles erkennst du nicht wieder, weil es sich verändert hat. Aber dann siehst du doch etwas und dann kommen die Bilder, da machst du Kopfkino: Ach, da kam Müllers Lieschen raus. – Guck mal, an der Ecke hatte ich meinen ersten flüchtigen Kuss.«

Damit die Leute etwas haben, das ihnen beim Erinnern hilft, stellt Gundi die abgegebenen Sachen aus. Da drängt sich das alte Porzellan auf den Fensterbänken und über der Theke. Im kleinen Foyer stapeln sich rissige Lederkoffer. Und im Kellergewölbe ist ein kleines Museum.

Wir gehen die enge Treppe runter. An der Wand gegenüber der letzten Stufe hängt eine vergilbte DDR-Zeitung: »Das Jahr der großen Initiative hat begonnen« steht da in großen Lettern. An den Wänden des Nebenraums hängen die Kuchenformen, Nudelhölzer und Kaffeemühlen einer alten Bäckerei, eine Ecke weiter stehen die irdenen Flaschen, Holzfässer und Abfüllpumpen einer Brauerei. An einer Wand hängen Fotos aus den Glashütten der Stadt, daneben meterlange Vitrinen, gefüllt mit geschliffenen Gläsern, flaschengrünen Lampenschirmen, gravierten Schalen. Dazwischen steht eine Karl-Marx-Büste aus Meißener Porzellan. Und dann natürlich die Andenken an den Tagebau selbst: klobige Grubenlampen, Schaufeln und ein Brikett, auf dem steht: »Tagebau Welzow-Süd. 23.06.1999. Letzte Einfahrt. 150 Jahre Bergbau.«

Fossilierte Träume. Ein Gegenwartsarchäologe hätte seine Freude.

Doch je älter Gundi wird, desto schwerer fällt ihr das alles auch. Die Melancholie und die Trauer, wenn wieder Menschen kommen und ihre Geschichten bei ihr abladen. Eigentlich will sie das nicht mehr. Aber eigentlich doch. Sie will, dass Welzower reinkommen und sich geborgen fühlen. So wie damals, als es noch gut war. Bevor der Streit um die Kohle die Stadt entzweite.

*

»Der liebe Gott erschuf die schöne Lausitz«, besagt ein Sprichwort aus der Region, »aber der Teufel hat die Kohle darunter versteckt«. Die Kohle ist Welzows Existenzgrund und sein Fluch. Vermutlich 1850 gruben die Welzower zum ersten Mal danach. Thomas und ich sind an die Grubenkante gefahren und haben uns angeguckt, wie das heute aussieht: In dem staubigen Loch, braun und grau und schwarz und bis zu hundert Meter tief, röhrt die größte Maschine der Welt, eine Förder-

Schaufelradbagger im Tagebau Welzow Süd

brücke, 502 Meter lang, schwerer als der Eiffelturm. Bagger-schaufeln, hoch wie ein sechsstöckiges Gebäude, reißen die Kohle aus dem Boden, laden sie auf täglich siebzig Güterzüge mit jeweils sechzehn Waggons, auf denen sie ins nahe gele-gene Kraftwerk »Schwarze Pumpe« rauscht. 8000 Menschen in Südbrandenburg arbeiten in der Kohle, weitere 12000 sind indirekt abhängig. Es sind gute Jobs. Facharbeiter-Jobs. Wich-tige Jobs für eine arme Region.

Doch dann fährt man weiter, durch Welzow hindurch, zum Dorf Proschim, überquert eine Bahnstrecke und sieht die Kehrseite. Wir kraxeln durch die Ruine einer Glashütte. Die hohen Backsteinmauern bröckeln, das Dach stürzt ein. »Geile Filmkulisse«, denke ich und schelte mich gleich darauf. Hin-ter dem Gebäude sollte das Dorf Haidemühl liegen. Doch wir sehen nur Felder.

Das Dorf wurde »devastiert«, weil der Tagebau näher rückt: Die Menschen mussten ihre Häuser verlassen, erhielten eine Entschädigung, zogen weg. Viele alte Menschen verkrafteten nicht, so entwurzelt zu werden. Der Bäckermeister von Hai-demühl, erzählt man in Proschim, interessierte sich schon nicht mehr für sein neues Haus. Kurz nach dem Umzug starb er.

Wir schauen uns um. Keine Schule, keine alten Bäume und keine Geschäfte. Wer hier aufwuchs, für den gibt's kein Kopf-kino, nirgends. Mit etwas Glück noch bei Gundi.

Wir fahren weiter und vermissen bald das Grün der Felder. Der sandige Boden ist aufgerissen. Aus dem trockenen Sand ra-gen tote Bäume. Bulldozerspuren zerfurchen den Boden. Alle paar Meter steht eine Pumpe. Ihr Brummen erfüllt die Luft. Sie pumpen das Grundwasser ab, damit der Tagebau nicht geflutet wird. Doch das Wasser der nahe gelegenen Seen drückt nach. Deshalb schneidet das Bergbauunternehmen einen sechzehn Kilometer langen, sechzig Zentimeter breiten und hundert

Meter tiefen Schlitz durch die Landschaft und verfüllt ihn mit einem undurchdringlichen Ton-Wasser-Gemisch. Ein tiefer Schnitt durch die Natur. Der Grundwasserspiegel sackt ab.

Die Region verwüstet.

Bereits ausgebeutete Kohlegebiete werden renaturiert, doch die wiederaufgeschüttete Erde ist tot, wie nach einer Eiszeit. Es dauert zwanzig Jahre, bis die ersten Birken zaghaft ihre Wurzeln schlagen. Und die Menschen im Dörfchen Proschim wissen nicht, wie es weitergeht. Auch unter ihrem Ort liegt Kohle. Unklar ist, ob sie noch ausgegraben wird oder ob erneuerbare Energien sich durchsetzen. Das Bergbauunternehmen will in ein paar Jahren über die Erweiterung entscheiden.

Eine, die da wohnt, ist die Cousine von Michael Stranz' Frau. Bei jeder Renovierung fragt sie sich: ›Lohnt das überhaupt noch?‹ Ihr Zuhause ist kein Ort der Geborgenheit, sondern der Unsicherheit. Auch der Fußballplatz von Stranz kommt weg, wenn weiter gegraben wird. Noch so ein Erinnerungsort, noch so ein Gemeinschaftsort, der stirbt.

Wenn Stranz daran denkt, wird ihm schwer ums Herz. Da ist zum Beispiel der alte Lagerraum neben dem Platz. Da ging er als Jugendlicher immer rein und er weiß noch genau: In der Ecke da stand der Mannschaftsspind, aus dem er immer die alten Lederbälle holen musste. Dann hat er nachgesehen, wie viele gehen noch, wie viele sind kaputt. Und es waren immer mehr kaputte drin als gute. Aber am Schluss hat er doch immer noch einen gefunden, der ging. Trotzdem hofft er, dass die Baggerschaufeln kommen. Es würde den Job seines Sohns sichern, er könnte in Welzow bleiben. Ein bisschen Gemeinschaft bliebe vielleicht auch.

Während all die Verwüstung auf mich wirkt, dreht ein Satz des Schriftstellers Martin Walser Kreise in meinem Kopf: »Die Familie ist ein Elendsverband, sowas verlässt man nicht.« Passt

gut zu Welzow, denke ich. Steht man vorm Abgrund, träumt man davon stehenzubleiben, zusammen.

*

Es gibt da noch einen, von dem man in Gesprächen immer wieder hört und der auch davon träumt, dass Welzow lebt, der aber nicht akzeptiert, dass es nur diese beiden Lösungen gibt: Dorf weg oder Jobs weg. Er setzt auf Grund und Boden, überragt mich um einen knappen Kopf, hat stahlblaue Augen, breite Schultern, trägt die blonden Haare zum Seitenscheitel und dazu eine Bomberjacke.

Ich laufe mit Hagen Rösch über den Bauernhof seiner Familie. Es ist nicht die romantische Variante mit Fachwerk und gackernden Hühnern, sondern die industriell-ostdeutsche: ein früheres LPG-Gelände, Betonwände, rostige Stahlträger, Wellblechdächer. Der 38-jährige Rösch diente zwölf Jahre bei der Bundeswehr, studierte dort, kehrte im Anschluss nach Welzow zurück, half seinen Eltern bei der Geschäftsführung, und ich glaube, man kann sagen: Er hasst den Tagebau.

Täglich fräsen sich die Schaufelradbagger einen Meter vorwärts, rauben den Röschs damit Ackerland. Seit 1996 verloren sie 1 200 Hektar. Das sind 1 680 Fußballfelder. Auf den renaturierten Flächen, die sie wiederbekommen, wächst nichts und weil die Pumpen den Grundwasserspiegel absenken, wird auch der übrige Boden zunehmend unfruchtbar.

Während seines Studiums bei der Bundeswehr sagte einer von Röschs Dozenten in Betriebswirtschaftslehre immer: »BWL ist die einfachste Wissenschaft überhaupt. Sie brauchen nur eine Formel zu wissen: Gewinn ist gleich Umsatz minus Kosten. Wenn der Umsatz größer ist als die Kosten, ist alles gut.«

Doch die einfachste Formel hilft nichts, wenn die eigene Betriebsgrundlage weggegraben wird. Zum Glück lernte er beim Bund noch etwas anderes: Durchsetzungsvermögen. Alle hatten ihn davor gewarnt, sich mit dem Bergbauunternehmen anzulegen. Sie sagten:»Junge, bist du wahnsinnig, dich mit denen zu streiten? Weißt du eigentlich, was die mit dir machen, wenn die wollen?«

Rösch klagte vor dem Verwaltungsgericht Cottbus, um dem Bergbaukonzern die Nutzungsrechte für 300 Hektar Felder zu verwehren. Der Fall ging zum Oberverwaltungsgericht. Nur Stunden vor dem Richterspruch stoppten die Bagger. Vielleicht hatte der Konzern eine Entscheidung vermeiden wollen. Für Rösch ein kleiner Sieg gegen den übermächtigen Feind. Ein Nadelstich. Er ließ weitere folgen.

Außerdem das Menschheitsthema Klimawandel: 30 000 Tonnen Kohlendioxid blasen der Tagebau und das angegliederte Kraftwerk täglich in die Atmosphäre. Die Konsequenzen sind vor Ort spürbar. »Das Wetter verändert sich«, sagt Rösch. »In meiner Kindheit gab's im Sommer gefühlt ein Gewitter. In den letzten Sommern jede Woche eins, was auch die Daten des Deutschen Wetterdienstes zeigen. Dadurch verschiebt sich der Zeitpunkt der Ernte. Früher wurde Gerste um den 8. Juli gedroschen. Mittlerweile ist es der 26. Juni.« Er erzählt weiter, dass die Getreideerträge zurückgehen, dass die dicken Regentropfen der Sommergewitter die Schoten des Raps aufschlagen, wodurch die Körner herausfallen.

Wegen des Klimawandel zogen im Mai 2016 die Braunkohlegegner von »Ende Gelände« in die Lausitz. Ihr Motto: »Kohle stoppen. Klima schützen!« Ein Camp mit riesigen Zelten und Großküche für 4 000 Aktivisten wollten sie in der Nähe des Tagebaus errichten. Doch niemand ließ sie auf sein Feld. Aus Angst. Rösch gab ihnen eine Fläche, direkt an seinem Hof.

Rapsfeld der Familie Rösch

Die Aktivisten zogen sich weiße Maleranzüge über, formierten sich zu langen Zügen und liefen los, durchbrachen Polizeiketten, besetzten Abraumbagger, Kohle-Verladetürme und Bahnlinien, drangen auf das Kraftwerksgelände vor. Das Kraftwerk musste auf ein Fünftel seiner Leistung gedrosselt werden. Klimaschutz selbst gemacht.

Im Dorf betreiben die Röschs eine Fleischerei, in der sie Fleisch aus eigener Zucht und Schlachtung verkaufen. Kohlefreunde machten im Internet mobil und riefen zum Boykott auf, schrieben Schmähkommentare.

Nicht Hagen Rösch hat mir das alles erzählt. Ich musste es online nachlesen. Er spricht darüber nicht mehr gern, will keine alten Wunden aufreißen. Muss er auch nicht. Er weiß: Er steht auf der Gewinnerseite.

Wir verlassen des Büro und laufen quer über den Hof. Seine Mutter grüßt uns. Ein Hund rennt uns kläffend hinterher. Dann biegen wir links ab. Weiter hinten stehen alte Lagerhallen, grässlich grau. Doch auf den Dächern funkelt es: Solarpanels. Es war das erste Projekt, das Rösch nach seiner Rückkehr umsetzte. 1,4 Megawatt produzieren sie an Spitzentagen. Weitere Anlagen mit einer Leistung von 0,8 Megawatt werden gerade gebaut.

Wir laufen weiter und plötzlich beißt mich der Geruch von Sauerkraut in der Nase. Neben uns bedeckt eine grüne Plane einen haushohen Buckel. Darunter: Maissilage. Ein großer Haufen Maispflanzen, die langsam verrotten.

Wir umrunden eine Lagerhalle. Dahinter stehen zwei breite Silos mit gewölbten Dächern und ein brummender Schiffscontainer. In den Silos fermentiert die Maissilage. Dabei entsteht Biogas. In dem Container verbrennt ein Zwölf-Zylindermotor das Gas und erzeugt Strom. Zusammen mit den Solaranlagen versorgt der Hof ungefähr 5 000 Menschen. Die Abwärme des

Motors läuft durch ein dickes Rohr in eine Lagerhalle. Dort trocknet sie Mais, der später an Tiere verfüttert wird.

Alles wird hier verwertet. Maisanbau, Tierzucht, Schlachtung, Solar- und Biogasenergie – dafür, dass sich die Röschs so breit aufstellten, erhielt ihr Unternehmen 2016 einen dotierten Preis.

Wir laufen zurück. Seinen genauen Umsatz will Rösch mir nicht nennen, aber es seien ein paar Millionen, sagt er. Dazu rund achtzig Menschen, denen er Arbeit gibt. Und das im sterbenden Welzow. Ich bin ein bisschen beeindruckt.

»Es wird hier kein Milch und Honig fließen«, sagt Rösch. »Aber wenn die Kohle eines Tages mal weg ist, werden wir noch da sein.« Dann steigt er in seinen silbernen Audi TT und rauscht davon.

KIEFERNHAIN

FREIHEIT UND ABSTURZ

Hinter Welzow knickt die B 96 nach Westen ab, durchschneidet den Spreewald und führt durch die Brandenburger Weite Richtung Berlin. Hinter einem kleinen Dorf biegen wir rechts in eine Allee. Der Asphalt buckelt. Wir rauschen vorbei an Jägerzäunen, Carports und Deutschlandfahnen, biegen auf einen Waldweg, folgen ihm bergauf, passieren ein blau-gelbes Tor und erreichen einen Ort, von dem wir schon einiges gehört haben.

Dass wir den Weg hierher kennen, verdanken wir einem Zufall. Thomas hatte Silvester mit Freunden im Wendland gefeiert und dabei Luca kennengelernt. Der erzählte von dem Ort in Brandenburg, an dem er wohnte, und es klang nach wilden Jugendträumen und Freiheit: Die Bewohner würden mitten im Wald selbstorganisiert und umweltbewusst in großen Häusern, Zirkuswagen und Lehmhütten wohnen. Jeder sei dort willkommen. Gesellschaftliche Regeln und Gesetze gelten nur bedingt. Dadurch gibt es viele helle, aber auch einige dunkle Seiten. So wie in jedem aufregenden Traum.

Zum Schluss sagte er: »Komm doch mal vorbei!«

Also sind wir hier.

Doch nicht jeder hier hat Bock auf Öffentlichkeit, und die Behörden würden vermutlich Stress machen, wüssten sie allzu genau, was hier los ist. Deshalb gibt es Bedingungen für unseren Besuch: Wir dürfen keine Fotos machen und nicht den richtigen Namen des Orts aufschreiben, den wir deshalb Kiefernhain nennen.

*

Wir parken das Auto, steigen aus, sehen einen weißen Laster am Waldrand stehen und gehen hin. Dahinter sehen wir Luca. Er sitzt auf einem kniehohen Baumstamm und schichtet Holz in eine runde Feuerstelle aus Steinen. Er hat Lachfalten um die Augen, trägt einen Totenkopf im Ohr, einen schwarz glänzenden Stein um den Hals, Lederbänder an den Handgelenken und breite Ringe an den Fingern. Zur Begrüßung umarmt er uns.

Bald schlagen Flammen knisternd durch das aufgeschichtete Holz. Thomas und ich setzen uns und erzählen ein bisschen, was wir bisher erlebt haben. Luca hört aufmerksam zu. Mücken, groß wie meine Fingerkuppen, stürzen sich auf uns. »Nicht kratzen«, sagt Luca und schiebt vorsichtig eine Mücke von seinem Unterarm. »Das macht es nur schlimmer. Es ist besser, einfach nur sanft zu reiben.«

Dann erzählt er von Kiefernhain: Das ganze Areal sei vor Jahren von einigen Leuten besetzt worden. Jeder dürfe hier leben und sich verwirklichen, wie er oder sie wolle. Ein Riesenexperiment, ein Spielplatz. Ein Traum für große Kinder. Wir könnten ja gleich mal drüber laufen.

Dann platzt Regen aus den Wolken. Die ersten Tropfen bleiben im Blätterdach hängen. Bald treffen sie auch uns. Wir steigen in den Truck und setzen uns an einen schmalen, selbstgebauten Tisch. Die Wände sind behängt mit verspielten Kleinigkeiten: eine Discokugel, tibetische Gebetsfahnen, ein orangefarbenes Kinderwindrad, drei bunte Vogelfedern, ein verschlissenes Akkordeon, alberne Sonnenbrillen. Tausend Artefakte mit je einer eigenen Geschichte. Luca hat sie in seinen vierzig Jahren gesammelt. Sie erzählen von ihm. Und davon, wie er nach Kiefernhain kam.

Während seiner Zeit am Gymnasium lebte er in seiner süditalienischen Heimatstadt Bari in einem besetzten Schlachthof. Die Besetzer kochten für einsame Alte, veranstalteten Konzerte, nahmen Straßenhunde auf.

Luca liebte es, doch nach der Schule packte ihn die Neugier. Er wollte Neues kennenlernen. Vor der Universität mit ihren Kursplänen, Vorlesungen, Klausuren graute es ihm. Und sie bot ihm sowieso nicht, was er suchte. Er wollte wissen, wie Menschen anderswo sich als Gemeinschaften organisieren, um selbstbestimmt zu leben.

Er beschloss, nach Irland aufzubrechen. Während der Schulzeit hatte er dort einen Freiwilligendienst absolviert und gehört, dass es auch dort besetzte Häuser gäbe. Außerdem interessierte ihn, wie sich die Iren in ihrer Geschichte gegen Unterdrückung gewehrt hatten, und er wollte sein Englisch verbessern. Kurz bevor es losging, saß er musizierend in der Straße und lernte ein deutsch-irisches Pärchen kennen, das mit seinem Bus über Deutschland und die Niederlande nach Irland fahren wollte. Sie boten ihm an mitzufahren.

Auf dem Weg stoppten sie für einige Tage in Münster. Luca wollte schon länger einen Hund adoptieren. Im Tierheim fand er einen Dobermann. »Ein ganz Lieber war das«, sagt er. Ohne Kampfhundlizenz bekam er ihn aber nicht. Bei Freunden von Freunden fand er dann einen Wurf Welpen. So kam er zu Shilha, braun und struppig und treu. Später bekam sie eine Tochter, Morgana. Die beiden wurden zu seinen ständigen Begleiterinnen. Alles andere trimmte er auf endlose Veränderung.

Er hörte von einer Demo in Köln gegen den amerikanischen Einmarsch im Irak. Er fuhr hin, begegnete einigen Berlinern, folgte ihrer Einladung, sie zu besuchen. Der Plan, nach Irland zu gehen, ging im Trubel unter. Nach zwei Monaten in Berlin zog er nach Amsterdam, lebte in einem besetzten Haus, kaufte sich einen kleinen Van. Es verschlug ihn wieder nach Köln, wo er vier Jahre lang auf einem Wagenplatz lebte.

Tagsüber spielte Luca auf der Domplatte Didgeridoo. Bis zu dreißig Euro verdiente er die Stunde, weit mehr als er brauchte. Nachts hing er mit seinen Freuden rum. Das Leben war gut. »Wenn ich das Gefühl hatte, irgendwo anzukommen, sesshaft zu werden, brach ich wieder auf, weil ich immer wieder etwas Neues lernen wollte. Freiheit bedeutet für mich, lernen zu können, ohne Druck zu haben.«

Seine Abschiedsparty von Köln nannte er »Save the Last Dance for the Revolution«, stellte sich selbst ans DJ-Pult, spielte die Musik, die er liebte, und die Leute liebten es. Er machte eine Partyreihe daraus, fuhr mit seinem Bus kreuz und quer durch Europa zu autonomen Zentren und Wagenplätzen und trat als DJ Vaga auf. »Vagare« heißt auf Italienisch »wandern«. Er fand das passend für sich, den Vagabunden, der von Tag zu Tag lebte, heute hier, morgen da. Er hatte nie geplant, DJ zu werden, aber gelernt, zu nehmen, was kommt. Ein paar hundert Auftritte seien es gewesen, erzählt er, irgendwann auch auf großen Festivals wie dem Sziget im ungarischen Budapest, in bekannten Berliner Clubs wie Sisyphos, Fuchs und Elster, Lido, SO36.

Er zeigt Fotos: verschwitzte Menschen, die mit hochgerissenen Armen tanzen. Er selbst breit grinsend hinter dem DJ-Pult. Kommerziell sollte es nie sein. Das Geld, das er verdiente, ging an politische Bewegungen, etwa an Ende Gelände, die Welzower Klimaaktivisten.

Während er in einem besetzten Haus in der Rigaer Straße in Berlin wohnte, fasste er zum ersten Mal seit Jahren einen langfristigen Plan. Erst würde er einen Truck kaufen, größer als sein alter Van, in dem er leben und viel Material transportieren könnte, dann große Boxen und ein geräumiges Zelt mit

Luca Vaga

einer kleinen Bühne. Auch wenn er für das benötigte Geld eine Weile lang auf Festivals arbeiten oder in einer Küche schuften müsste. So ausgestattet, könnte er jederzeit irgendwo auf freiem Feld parken, aufbauen, Soli-Partys feiern, Geld für sich und die politischen Initiativen reinholen. Zuerst bräuchte er aber einen Ort, an dem er den Truck umbauen und alles vorbereiten könnte.

Während er in Amsterdam auflegte, passte eine Freundin in Berlin auf Shilha und Morgana auf. Sie ging im Treptower Park spazieren, traf einen Typen, der in Kiefernhain wohnte, erzählte ihm von Lucas Idee und der sagte: »Klingt cool, der soll mal vorbeikommen.« Das war im März. Bald darauf kaufte Luca den Truck und im August zog er nach Kiefernhain. »Seitdem bin ich kein Vagabund mehr, sondern ein Nomade. Ich bin immer noch unterwegs und frei, aber ich lebe nicht mehr von Tag zu Tag«, sagt er und steht von dem kleinen Tisch auf.

Gegenüber hat Luca ein DJ-Pult gebaut, darauf Laptop, Mixer, zwei Controller, daneben Lautsprecher. Er stellt sich davor, schnipst einen Schalter auf »On«, schiebt zwei Songs in die Mischsoftware und drückt auf »Play«: treibende Bässe, verspielte Hi-Hats, spanische Vocals schallen aus den Boxen – ein bisschen Speedfolk, ein bisschen Klezmer, ein bisschen Elektrobalkan. »AllerWeltRebelFolk«, nennt er das.

*

Die letzten Tropfen hämmern auf das Dach des Trucks. Dann ist der Regen vorbei. Luca stößt die Tür auf. Der Boden ist matschig. Die Mücken sind weg. Luca will uns das Gelände zeigen. Wir klettern die Treppe runter und umrunden den Truck. Ein Weg aus Betonplatten führt ins Innere des Geländes. »Boulevard« nennt ihn Luca. Wir nehmen rechts einen

Pfad und kommen auf eine Wiese. Auf einer Seite stehen Kiefern, am Kopfende ein langgezogener offener Schuppen. »Auf dem Platz feiern wir Sommer- und Wintersonnenwende«, sagt Luca.

Unsere Augen wandern: Fünf Meter hoch ragt ein wild aus Baumstämmen zusammengezimmertes Gestell, bespannt mit Planen – ein bisschen Tipi, ein bisschen Holzfällerlager. Auf den Tischen und Tresen darunter stehen Töpfe, Teller und Gabeln. Um eine Feuerstelle herum liegen dicke Baumstämme. Ich kann mir vorstellen, wie wir da sitzen und verträumt in die Flammen gucken oder wie ein Stück weiter auf der freien Wiese getanzt wird.

In einem Einkaufskorb aus Plastik sammeln sich leere Weinflaschen. Ein Gartenzwerg mit roter Zipfelmütze und Bierkrug grüßt ironisch von einem Ast herunter. Bunter Krimskrams liegt herum. Es wirkt wie ein Ferienlager, aus dem die Betreuer desertiert sind. Vieles starrt vor Dreck. Mein bürgerliches Ich hebt zu lautem Protest an, ich höre förmlich die mahnende Stimme meiner Mutter in mein inneres Ohr schreien. Doch so dreckig ist es nicht, dass man sich nicht dran gewöhnen könnte. Irgendwie gemütlich. Ich habe Bock auf so eine Sonnenwendparty.

Wir gehen weiter, vorbei an dem offenen Schuppen, unter dem sich Baumaterialien türmen: Bretter, Fensterrahmen, Metallstangen. Dahinter steht das Hauptgebäude. Ein grauer langer Flachbau. An einer Tür hängt ein Schild: »Elefanten Baden sonnabends und sonntags 15.00 Uhr.« Es gehörte wohl mal einem Zoo. Im Raum dahinter sehen wir eine düstere, verdreckte Duschnische. Die mahnende Stimme meiner Mutter schwillt wieder an. Diesmal stimme ich ihr zu. An den Wänden fügen sich Fliesen- und Spiegelscherben in strudelnden Kreiseln zu einem Mosaik zusammen. In der Ecke wölbt sich eine

niedrige, aus Ton gebaute Sauna, wie der Rücken eines alten Kobolds.

Wir laufen weiter unter den Fenstern des Hauptgebäudes entlang. Aus einem dringt elektronische Musik. Leise stöhnt eine Frau. Vorne gehen wir ins Gebäude rein. In den Zimmern entlang der Flure wohnen wohl Leute, doch wir sehen niemanden. Luca zeigt uns einen Meditationsraum. »Für den Holzboden haben wir die Bäume im Wald geschlagen und die Dielen selbst zugeschnitten«, sagt er. Es folgen eine riesige, unaufgeräumte Gemeinschaftsküche, ein Aufenthaltsraum mit offenem Kamin, eine Töpferei, ein Raum mit Computern und Druckern, eine Bibliothek, eine Kammer voll Imkerequipment.

Zurück im Wald folgen wir einem Trampelpfad, stoßen auf einen aufgebockten Robur mit rot-weiß karierten Gardinen vor den Fenstern. Es ist einer dieser DDR-Laster, die früher in Zittau montiert wurden. Zwischen einigen Bäumen steht ein Stuhl. Einsam und frei und sich selbst genug. Anderswo klemmt eine tellergroße Spiegelscherbe in einer Astgabel. Man könnte da stehen und sich die Zähne putzen, während die nackten Füße im weichen Waldboden einsinken. Auf einer Lichtung wartet eine weiße Wanne. Baden unter freiem Himmel.

*

An einer runden Lehmhütte treffen wir Katja und Karl. Sie kochen gerade Kaffee, wir setzen uns mit ihnen in die Hütte auf die Matratzen, die längs der Wand auf dem Boden liegen. In der Mitte stehen ein flacher Tisch und ein bulliger Holzofen, in einer Ecke eine Klamottentruhe. Eine Küche gibt es nicht. Gekocht wird draußen. Sie tragen feste Kleidung, die vom Leben im Wald an Knien und Ellenbogen abgescheuert ist, und strahlen eine Ruhe aus, die nur das Leben in der Natur gibt. Ich frage, wie lange sie schon hier leben. Die beiden wohnten Mitte der Zweitausenderjahre in einem besetzten Haus in Berlin-Mitte. Ein Kumpel erzählte damals begeistert von Kiefernhain und dass da schon Leute wohnen. Neugier packte sie, weil sie auf der Suche nach etwas Neuem waren. Sie fuhren hin, blieben aber nicht lange. Sie kamen mit den Leuten nicht klar. Zu viele »Hippies« seien es gewesen, alle Aufgaben ordentlich verteilt, ständig Gruppengespräche, in denen jeder ewig über Befindlichkeiten geredet hätte. »Ganz grässlich war das«, sagt Katja. Nicht bösartig. Eher entgeistert, wie man so bescheuert sein kann.

Doch Solidarität ist für Katja und Karl alles. Als ein Hilferuf sie erreichte – 5000 Euro wurden gebraucht, um einen Anwalt zu bezahlen, der eine drohende Räumung von Kiefernhain abwenden sollte –, legten sie los. Um Geld zu sammeln, organisierten sie ein riesiges Kickerturnier, Veranstaltungen in besetzten Häusern, Partys auf Wagenplätzen. Sie bekamen das Geld zusammen. Der Anwalt versagte. Die Räumung wurde angekündigt. Schon am nächsten Morgen sollte die Polizei anrücken.

Katja und Karl fuhren wieder raus, wollten Kiefernhain verteidigen. Auch wenn sie vielleicht Probleme mit dem Gesetz bekommen würden: Für sie gehören solche Freiräume geschützt. Als sie ankamen, sahen sie, wie die anderen ihre Sachen packten und dann verschwanden. Sie übernachteten auf dem Gelände. Am Morgen tranken sie ihren Kaffee. Die Polizei kam nicht.

Jetzt gehörte Kiefernhain ihnen. Vorläufig.

Ursprünglich sollte das Gelände für eine halbe Million Euro verkauft werden. Doch dem Besitzer war die Lust vergangen. Zu viele Scherereien. Er setzte eine Auktion an. Startwert: 100 000 Euro. Katja, Karl und einige andere rannten zu ihren Freunden, zu ihren Eltern, zu Tanten und Bekannten und baten um Geld. Einen Finanzplan hatten sie nicht, aber sie versprachen, alles zurückzuzahlen. Am Tag der Auktion hatten sie 60 000 Euro zusammen, und steigerten mit. 50 000. 70 000. 90 000. 110 000. 130 000. Der Hammer fiel. Kiefernhain gehörte ihnen. Wieder rannten sie los, Geld besorgen. Innerhalb von drei Monaten hatten sie es zusammen, gründeten einen Verein, überschrieben ihm das Grundstück und seitdem gilt in Kiefernhain der anarchistische Schlachtruf: Alles allen! Jeder darf hier wohnen. Keiner hat Entscheidungsgewalt.

Mit einer Gruppe von Gleichgesinnten machten sie sich daran, ihre eigene Welt zu schaffen. Sie rissen die alten Toiletten raus und bauten Kompostklos. Den Humus gruben sie unter, um den sandigen Boden fruchtbarer zu machen. Sie hoben eine Pflanzenkläranlage aus, richteten eine Holz-, Metall- und Fahrradwerkstatt ein, in denen alle alles benutzen dürfen. Für die Vereinsarbeit stellten sie Computer und Drucker ins Büro. Sie errichteten die große Gemeinschaftsküche. Zeitweise wurde täglich für alle gekocht. Jeder baute sich eine Unterkunft: Hier ein schlichter Kasten aus Holz. Dort eine verspielte Kugel aus Fensterrahmen. Grün-gelbe Zirkuswagen mit Fenstern bis zum Boden. Mehrgeschossige Bauwagen.

Die grundlegende Versorgung organisieren die Bewohner gemeinsam. Zum Bauen der Hütten, zum Heizen und Kochen schlagen sie Holz im Wald. Ein Brunnen versorgt sie mit frischem Wasser. In der Kornkammer stehen für alle säckeweise Reis, Linsen, Bulgur und einige Eimer Salz. Im Winter fahren sie zu einem Biobauern und sammeln sich die kleinen Kartoffeln aus seiner Ernte. Gut anderthalb Tonnen kommen so zusammen. Das reicht für ein Jahr. Wer sich was nimmt, legt

Geld in die Essenskasse. Niemand kontrolliert das. Nur die fünfzehn Euro für Strom und Waschmittel werden monatlich eingesammelt. Andere Regeln und Pflichten gibt es nicht. Jeder ist für sich selbst verantwortlich.

Camilla, die Tochter von Katja und Karl, stürmt mit einem Kumpel in die Hütte. Beide sind im Grundschulalter. Dreck aus dem Wald klebt an ihren Klamotten. Ihre Augen strahlen.

»Wir haben Hunger!«

»Hier, ihr könnt euch 'ne Brezel mit Butter und Leberwurst schmieren«, sagt Katja.

Karl geht raus, er kennt die Geschichten von früher schon. Die Kinder kauen mit dicken Backen. Katja erzählt weiter. Die strahlenden Träume bekommen Risse.

Nach einiger Zeit hauten ein paar motivierte Leute aus der Gruppe ab. Der Elan begann zu erlöschen, die Gruppe verlor sich. »Es gibt zehn bis zwanzig Leute, die das hier als Projekt sehen und viel Arbeit reinstecken. Dann gibt es Leute, die stecken hier ein bisschen Arbeit rein, als Ausgleich dafür, dass sie hier kostenlos wohnen. Und einige machen gar nichts. Das ist sicherlich die Hälfte«, sagt Katja.

Und für einige aus dieser Hälfte mutiert der Traum von Freiheit zum Alptraum. Mein Vater sagte mir, als ich die ersten Male alleine mit dem Rucksack Richtung Balkan, Nahost und Afrika aufbrach: »Verlier dich da draußen nicht!« Freunde von ihm waren ausgestiegen und abgestürzt.

Auch in Kiefernhain gibt es einige, die sich in ihre Hütten verkriechen und den Kontakt zur realen Welt verloren haben. Manche sind gestrandet, weil sie in Berlin nicht mehr klar kamen. Vielleicht ringen sie mit einer Psychose. Vielleicht haben sie sich ein bisschen zu viele Drogen reingefahren oder nie genug charakterliche Reife entwickelt, um mit der Freiheit umgehen zu können.

Eine Mutter kam mit ihren Kindern nach Kiefernhain, kümmerte sich aber nicht um ihre Kleinen. Sie selbst sei wohl schon in verwahrlosten Umständen aufgewachsen, hatte nie gelernt, was es bedeutet, Verantwortung zu übernehmen. Katja und Karl machten mit den Kleinen Hausaufgaben und veranstalteten einmal die Woche einen Badetag. Es reichte nicht, das Jugendamt kam, nahm der Mutter die Kinder weg.

Dann war da einer, psychisch labil, der bedrohte wochenlang eine andere Frau, ließ nicht mit sich reden, schloss sich mit Messern bewaffnet in seine Hütte ein. Sie riefen den Krankenwagen. Der rief die Polizei. Die rief das Sondereinsatzkommando.

»Eine andere Frau ist in Berlin durchgedreht, wegen zu viel gesellschaftlichem Druck. Die kam dann her. Zwei Wochen lang hat die in ihrer Hütte geschrien. Musikalisch geschrien, mit einer guten Singstimme. Aber geschrien«, sagt Katja.

»Und was habt ihr dann gemacht?«, frage ich.

»Ja, was willst du machen? Den Kindern gesagt: ›Der Frau geht es gerade nicht gut.‹ Dann immer mal wieder nach ihr geguckt und abgewartet. Irgendwann war es dann vorbei. Heute ist die zurück in Berlin und macht wieder ihr Ding.«

Das gibt es also auch.

»Wann gehen wir endlich raus?!«, ruft Camilla dazwischen.

»Wir gehen ja gleich«, sagt Katja. »Ihr müsst uns aber auch nicht so rausschmeißen. Immerhin waren wir hier zuerst und ihr seid als zweite gekommen.«

»Ja, aber dein Haus gehört nicht nur dir«, ruft Camillas Kumpel. »Es gehört auch Camilla!«

»Aha«, sagt Katja lächelnd. »Ist das so, ja?«

»Jaaa!«, rufen die Bälger.

»Interessant. Gut, dann gehen wir gleich.«
Strahlende Gesichter.

Diese Kinder werden wohl nie abstürzen. Weil ihre Eltern ihnen beigebracht haben, selbstbestimmt zu leben, den eigenen Kopf zu benutzen. Vielen anderen wird eingebläut, Regeln zu befolgen und nicht aufzufallen. Fallen die Regeln weg, verlieren sie die Orientierung.

Camilla scheint mit beidem klarzukommen, mit Freiheit und mit Regeln. In der Schule unten im Dorf ist sie weniger vorlaut und achtet ein bisschen mehr darauf, was um sie herum passiert, sucht nicht unnötig Streit und hat so ihren Platz gefunden.

Wir gehen nach draußen. Karl sitzt da auf einer Bank, blättert in einem Magazin. Hinter ihm ragt spitz das Dach einer offenen Hütte aus Baumstämmen auf. Darunter trocknet Wäsche im Wind. Katja fängt an, die Wäschestücke zu zählen.

Karl will die Geschichte von Kiefernhain einordnen.

»Es kommt auch viel darauf an, ob man gut mit Selbsteinschätzung ist«, sagt Karl. »Ob man zum Beispiel denkt, man könne gut teilen, aber eigentlich geizig ist. Sowas ist wichtig für das Leben in der Gruppe.« Er selbst arbeitet als Baukletterer. Mit vier Tagen im Monat verdient er genug, um ihre kleine Familie zu finanzieren und etwas in die Gemeinschaftskasse geben zu können. Zeit, die er in Kiefernhain investiert, bleibt auch.

»Da hängen fünf Teile von dir und nur zwei von mir. Du hast verloren!«, sagt Katja zu Karl. »Aber ich fürchte, du hast dir sowieso nur eine unsinnige Wette ausgedacht, weil Du einfach mal eine Flasche Rum kaufen wolltest.«

Karl grinst.

»Was habt ihr gewettet?«, frage ich.

»Ach, gestern Nacht, eine loriotmäßige Pärchenwette, die man nach Jahren des Zusammenseins macht: Hängen auf der Leine mehr Stücke von dir oder mir?«

»Ich habe nur verloren, weil ich meine Arbeitsklamotten halt länger trage und weniger dreckig mache«, sagt Kai in gespielt beleidigtem Tonfall.

»Damit wären wir wieder beim Thema Selbsteinschätzung«, sagt Katja, grinst, schnappt sich die Kinder und verschwindet mit ihnen im Wald.

Als sie weg sind, schaut Karl mich an und ich merke, dass er die folgenden Worte sorgsam wählt.

»In den Jahren, die wir hier wohnen, habe ich eine Sache gelernt. Am Anfang haben wir alles immer ganz groß gedacht, so wie das tägliche Kochen für alle. Aber wenn du eine gute Entscheidung treffen willst, dann guck, was sich in der Gruppe von selbst entwickeln will. Tu dich mit Leuten zusammen, die das gleiche wollen. Dann klappt's. Manche sagen stattdessen: Das soll sich freiheitlich organisieren, aber auf die Art wie ich das für richtig halte. Aber das führt nur zu Geschimpfe und dazu, dass Energie verbraten wird. Stattdessen ist es besser, mit kleinen Schritten nach vorne zu gehen. Dabei können dann auch große Dinge herauskommen.«

Als nächstes will er mit einigen anderen vorne im Laden eine kleine Teestube eröffnen. Für ein paar Stunden am Tag. Als Treffpunkt für alle. Vielleicht kommen auch die Abgestürzten wieder häufiger dazu. Und vielleicht geht dann mal wieder mehr nach vorne. Für die Gruppe als Ganzes.

»Und was, wenn das ganze Projekt scheitert und ihr aus Kiefernhain abhauen müsst?«, frage ich.

»Es gibt auf der ganzen Welt solidarische Projekte wie dieses, wo man leben und mitmachen kann«, sagt Karl. Besetzte Häuser. Wagenplätze. Kollektive. Es ist eine große Gemeinschaft. »Uns kann eigentlich nichts passieren.«

*

Wir laufen zurück zu Lucas Truck. Er schmeißt ein paar Spaghetti in einen Topf, brät Gemüse an, schneidet einen Salat auf. Lucas Träume gehen über Kiefernhain hinaus. Das Zelt kaufen, die Bühne und die Lautsprecher. Auch wenn er dafür wohl nochmal ein paar Monate irgendwo in einer Küche arbeiten muss. Dann später irgendwann einen neuen Ort finden. »Einen, wo Menschen zusammenkommen, die in ihrer charakterlichen Entwicklung schon weiter sind und wo die Energie in eine Richtung fließt, so dass alle zusammen arbeiten und gemeinsam ein großes Projekt verwirklichen.« Damals nach der Schule brach er auf, um zu lernen, wie Menschen sich in Gruppen organisieren, um selbstbestimmt zu leben. In Kiefernhain hat er wieder wichtige Erfahrungen gesammelt.

Thomas und ich steigen nach dem Essen in einen Bus, der ein Stück weiter steht. Wir klettern auf das Hochbett. Die Bezüge und Laken riechen nach ungewaschenen Körpern. Wir versuchen darin zu liegen, ohne sie berühren, wünschen uns sarkastisch eine »Gute Nacht« und pennen weg.

Am nächsten Morgen weckt uns die Sonne. Ich liege auf dem Bauch, mein Gesicht tief eingegraben in das Kissen. Den Mief rieche ich nicht mehr. Im Wald vor den Fenstern hören wir die Vögel. Sie singen. Von Freiheit.

BERLIN

Kurz vor Berlin teilt sich die B 96. Wir biegen nach rechts ab, folgen der Route, die während des Kalten Kriegs um West-Berlin herumführte. Bald wälzt sich der Verkehr durch Adlershof. Wir biegen in eine Seitenstraße, rollen über holpriges Pflaster und parken vor einem Friedhof. In einem freundlich sanierten Mehrfamilienhaus hat Werner Karma seine Schreibklause. Ich hatte vor ein paar Tagen in der Zeitung von ihm gelesen, angerufen und gefragt, ob wir vorbeikommen könnten. Karma textete zu DDR-Zeiten Lieder für die Rockband Silly. Manche Lieder klangen so:

Spiel mir das Lied von den Träumen.
Was auch geschieht von den Träumen,
Find mir die Spur von den Träumen.
Ich leb doch nur von den Träumen.

In anderen versteckte er zwischen den Liedzeilen Gedanken, die viele hatten, aber nur wenige sich auszusprechen trauten. Auch deshalb stürmte die Band an die Spitze der ostdeutschen Musikszene.

Ich hoffe, dass Karma ein spannender Gesprächspartner ist. Er wurde kürzlich fünfundsechzig und will mit dem Arbeiten aufhören. Ein guter Zeitpunkt für ein Fazit. Und wer sollte ein besseres Gespür für die Träume der Menschen haben als ein erfolgreicher Popmusiker?

Karma öffnet die Tür seiner Hochparterrewohnung, knöpft sein Hemd zu, schaut uns über seine Brille hinweg an und bittet uns herein. Im Flur drängen sich Bücher in einem deckenhohen Regal. Auf einem halben Meter macht sich Charles Bukowski breit, weltweit vergöttert für seine Stories übers Saufen, Prügeln, Ficken. Ein Stück weiter zeigt eine gebundene Ausgabe des Lyrikers Joseph von Eichendorff die hohe Stirn. Dazu Sigmund Freud und ein Buch über Hip Hop. Eine eklektische Sammlung, denke ich.

*

Wir folgen Karma ins Wohnzimmer. Heller Teppich, noch mehr Bücher, ein Schreibtisch, zwei Goldene und eine Platin-Schallplatte, eine kleine Fahne der Sowjetunion. Wir setzen uns in die Sofaecke. Karma holt jedem einen Kaffee. Dann schaut er uns an. Etwas skeptisch. Er mag Aufmerksamkeit nicht. Er lässt lieber seine Texte für sich sprechen.

»Ist die Buchauswahl ihre Inspiration?«, frage ich etwas unbeholfen.

»Nach der Wende habe ich ein paar tausend Bücher weggeworfen. Zum Beispiel die Gesamtausgabe von Marx, Engels, Lenin und Stalin. Die hatte ich teilweise doppelt, meine eigene und die geerbten von meinem Vater.« Seine Familie hat es scheinbar ernst genommen mit dem Kommunismus. Es klingt aber auch, als sei er resigniert.

Er lässt ein paar Sätze über sein Leben folgen, und ich begreife: Obwohl ich in meinem Freundeskreis schon immer derjenige war, der viel liest und schreibt, große Pläne schmiedet, reist und demonstriert, waren die meisten Träume, die ich kennenlernte, immer recht beschränkt. Klar, man spricht gerne von Revolution und von einer besseren Welt. Aber

Werner Karma

keiner glaubt wirklich daran. In dieser Hinsicht bin ich ein typisches Kind westdeutscher Verhältnisse. Menschen, die in der DDR aufwuchsen, scheinen einen weiteren Horizont zu haben. Sie haben erlebt, wie Systeme entstehen und zusammenbrechen.

Karma fing aus Langeweile an zu schreiben. Er hatte zu Hause raus gewollt und sich für drei Jahre zur Artillerie der Nationalen Volksarmee nach Oranienburg gemeldet. In der Kaserne dehnten sich die Tage. Als Kind hatte er wie besessen im amerikanischen Radiosender RIAS die Musik der Bee Gees, Beatles und Rolling Stones gehört, kein Wort verstanden und im Kopf deutsche Wörter auf die Melodien gelegt. An diese Wortspielereien knüpfte er jetzt an. Ströme von Pathos in Gedichtform quollen aus ihm heraus. Er füllte Seite um Seite. Bald ekelte es ihm selbst davor. Auch die späteren Poetenseminare der Freien Deutschen Jugend auf Schloss Schwerin machten das nicht besser. Es nervte ihn, auf der Bühne zu stehen, und es nervte ihn, nur von den immer gleichen paar Leuten gelesen zu werden. Er ließ das Dichten sein, widmete sich seinem Philosophie-Studium.

Ein Jahr später hörte er, dass ein paar Musiker einen Texter suchten. Sie trafen sich, und Karls Enkel wurden geboren. Das Land war politisiert, weil gerade der Liedermacher Wolf Biermann aus der DDR ausgewiesen worden war, und so fühlten Karls Enkel sich weniger Karl Marx verbunden als den enfants terribles Karl Kraus und Karl Valentin. Karma textete plötzlich nicht mehr schwülstig, sondern geradeheraus:

Noch einmal saufen, was die Kanne hält,
Nochmal verschmeißen gutes Bürgergeld,
Noch einmal fette Koggen paradieren lassen,
Nochmal dem Henker an die Eier fassen.

So rabaukten Karls Enkel durch die Jugendclubs. Im Kontrast zum SED-verordneten Biedermeier des Jahres 1977 kamen sie beim Publikum gut an. In manchen Texten provozierten sie die Obrigkeit, spielten auf Mauer und Stasi an. Trotzdem gewann ihr zweites Programm den FDJ-Kunstpreis. Karma freute sich darüber. Er stand zum Sozialismus, trotz aller Kritik. Er kommt aus einer linken Künstlerfamilie, die gegen Adolf Hitler Widerstand leistete. Seine Urgroßmutter starb im Konzentrationslager Theresienstadt. Seine Großmutter in Auschwitz. Sein Großvater hatte sich 1933 aus Verzweiflung über die Machtergreifung der Nazis erschossen. Die große Liebe seines Vaters hatte Flugblätter verteilt und wurde in Plötzensee enthauptet. Als Jude musste sein Vater nach Dänemark und Schweden fliehen. Er überlebte, begeisterte sich nach Kriegsende für die DDR und nahm seinen Sohn zu Paraden mit.

»Ich weiß ja nicht, was Sie da so gelernt haben in der Schule, über die DDR. Aber ich denke, man kann davon ausgehen, dass das alles falsch war«, sagt Karma. »Die DDR war der Versuch, eine auf Egoismus und Privateigentum basierte Gesellschaft in eine altruistische zu überführen. Es war der Versuch, eine Gesellschaft aufzubauen, in der es um das Wohl des anderen geht.«

Ich sage, was ich in solchen Fällen immer sage, und was wahrscheinlich für die meisten Westdeutschen meiner Generation zutrifft: dass ich in der Schule fast nichts über die DDR gelernt habe und dass sich mein sonstiges Wissen lange auf Schlagworte beschränkte. Mauer. Bananen. Trabis. Dazu der Erfolgsfilm »Das Leben der Anderen« über die Brutalität der Stasi, im Jahr 2006 gedreht von einem Westdeutschen.

»Die Stasi kam im Leben der meisten DDR-Bürger gar nicht vor«, sagt Karma. »Aber jetzt werden im Fernsehen nur die Opfer des Systems befragt und es sieht so aus, als wären wir

Karma auf alten Fotos

alle Opfer gewesen. Da waren sicherlich Leute, die schwer gelitten haben. Aber ich habe das Gefühl, dass das heutige System große Angst vor einer Alternative hat und die DDR deswegen so madig gemacht wird. Die haben eine große Angst vor dem Gleichheitsgedanken.« Wir sind bei seinen Herzensthemen angekommen: Gleichheit und Gerechtigkeit. Er holt weit aus.

Der Gleichheitsgedanke sei keine Erfindung von Marx oder Lenin gewesen. Der sei so alt wie das frühe Christentum, und auch in Deutschland habe es unzählige Versuche gegeben, ihn umzusetzen, etwa durch die Arbeiter- und Soldatenräte in München, Berlin, Wuppertal. Der Hitler-Faschismus sei nur die extremste Form des Kapitalismus gewesen, und nach dem Weltkrieg hätte es deshalb viele Traumatisierte und Friedenssüchtige gegeben, die für einen radikalen Wandel offen waren. Der Kerngedanke der DDR habe gelautet: Es zählt nicht, was man besitzt, sondern was man ist, was man kann und weiß. »Im Mittelpunkt steht der Mensch!« sei der Slogan gewesen.

Die Produktions-, also Machtmittel seien aus dem Privatbesitz an den Staat übergegangen und das habe die Menschen befreit, das sei wahre Demokratie, denn so habe man die Grundrechte eines jeden garantieren können: ein Job, ein Dach über dem Kopf, Essen und Trinken. Demokratische Kontrolle sei vorgesehen gewesen, aber von Funktionären untergraben worden. Trotzdem habe das System den Menschen eine innere Ruhe und Sicherheit gegeben und sie zum Guten hin verändert. Karma sagt, er selbst habe das erlebt, als er eine Lehre in der Landwirtschaft machte. Da habe er Menschen getroffen, die gesoffen und geprügelt hätten, wie es überall und zu allen Zeiten geschehe; sie seien aber auch stolz und sanft gewesen, wenn sie nach zwölf Stunden vom Mähdrescher stiegen und die Ernte eingebracht war. Der Grund: Sie hatten für sich und ihre Genossen geackert statt für irgendwelche Bosse.

Außerdem hätten alle ähnlich viel verdient, weshalb es keine Konkurrenz und nicht diese Ellenbogenmentalität gegeben habe. Ein Freund sei Gewerkschaftsmann eines Kombinats gewesen und habe 2000 Mark verdient. Der Kombinatsdirektor, verantwortlich für 10000 Menschen, habe 3000 Mark bekommen. Das sei gerade mal das Dreifache eines Arbeitergehalts gewesen. Nicht zu vergleichen mit den Managergehältern von heute!

Konkurrenz fehlte, und natürlich auch viele Waren, aber so sei man eher bereit gewesen, sich gegenseitig zu helfen. Es war ein großer, gemeinsamer Traum: Solidarität, Opferbereitschaft, ein gutes Leben für alle! Das hätte die Leute angetrieben. Deswegen hätten auch viele die SED unterstützt. Andere seien nur Mitläufer gewesen und noch andere – die politischen Gegner –, die seien halt niedergehalten worden.

Das ist so ein typischer Wo-gehobelt-wird-da-fallen-Späne-Spruch, mit dem sich alles rechtfertigen lässt, denke ich. Doch auch bei Karma kamen irgendwann Zweifel an den Methoden des Systems. Mitte der Siebzigerjahre fiel ihm ein Reclam-Band mit sowjetischer Lyrik in die Hände. Ihre Verfasser waren alle 1937 gestorben, im blutigsten aller Stalin-Jahre. Irgendein Lektor schien sie bewusst so zusammengestellt und die Zensur versagt zu haben. Für Karma kristallisierten sich an diesem schmalen Heftchen die vielen Ungereimtheiten, die ihm auffielen. Er trug das Heft fortan immer bei sich und begann, unbequeme Fragen zu stellen.

*

Karls Enkel entwickelten ihr drittes Programm. Karma schrieb dafür ein Lied, das kritisierte, dass die Propaganda-Paraden zum 1. Mai das wahre Gesicht der DDR schönten:

Am zweiten Mai, nach kurzer Nacht,
Mit einer Frau im Bett –
Wir mustern leis, eh sie erwacht,
Die welke Haut, das Fett.

Vielleicht ist diese Frau nur schön
Dies eine Mal im Jahr,
Und wäscht sich nur vor'm Tanzengeh'n
Den Dreck aus ihrem Haar.

Karls Enkel wurden von der Bezirksleitung der FDJ einbestellt. Die Funktionäre machten ihnen klar: die neuen Texte gefallen nicht, sind zu kritisch. Karma wurde wütend, zückte den Reclam-Band und fragte: »Woran sind all diese Dichter gestorben? An der Grippe? Oder an Typhus?« Der FDJ-Jugendsekretär lief wutentbrannt aus dem Raum, schrieb einen Bericht an den 2. Parteisekretär von Berlin, bezeichnete Karma darin als »Feind«. Karls Enkel konnten so nicht weitermachen.

Bald darauf traf Karma die Sängerin Tamara Danz, die mit ihrer Band »Silly« erste Erfolge feierte. Sie taten sich zusammen. Karma versteckte weiterhin beißende Kritik in seinen Texten. Ihre Alben stürmten an die Spitze der Musikszene. Sie wurden zur erfolgreichsten Rockband der DDR.

Doch obwohl Karma die Ausweisung Biermanns erlebt hatte, sein Vater als kritischer Philosoph ein Publikationsverbot auferlegt bekam und die Zensur Sillys Album »Zwischen unbefahr'nen Gleisen« einstampfen ließ, glaubte er prinzipiell weiter an den Sozialismus und die DDR. Er sagt: »Der Prozess war richtig.«

Mir geht das nicht in den Kopf.

Besser kann ich die Haltung Wolf Biermanns nachvollziehen. Er war rotglühend aus dem Westen in den Osten gegan-

Karmas Schreibtisch

gen, übte dort Kritik, wurde mundtot gemacht und ausgewiesen, wandte sich vom System ab. Das entsprach meinem gängigen Bild von der DDR.

»Was halten Sie von Biermann?«, will ich von Karma wissen.

»Er hat sehr schöne Liebeslieder gemacht, war der beste Liedtexter, den es bis heute gibt. Unübertroffen. Aber politisch ist er ein Arschloch. Er hat seinen Vater, der als Kommunist im KZ starb, verraten und sich dem Applaus aus dem Westen entgegengeworfen.«

»Sie haben nie Beifall aus dem Westen bekommen?«

»Doch, aber ich habe es nicht angenommen. Wenn dich deine Feinde loben, dann hast du etwas falsch gemacht.«

»Sie haben also so richtig den Konflikt zwischen Ost und West empfunden?«

»Ja, auf jeden Fall. Ich war mal auf einem Konzert in Trier. Die Veranstalter zeigten uns stolz ihre Stadt und da lagen vor der Kirche ein paar Leute auf dem Boden. Die waren zerlumpt. Die waren total hinfällig. Dreckige Hände, kaputte Haut und hohlwangig. Ich habe gedacht, ich bin im Mittelalter. Ich dachte, das kann doch nicht wahr sein, in so einem reichen Land, dass die Leute wie Dreck auf der Erde liegen und die Reichen stolzieren drum herum. Und manch einer wirft dann mal 50 Pfennig in den Becher. Das war ein Schock.«

»Haben Sie Biermann mal persönlich kennengelernt?«

»Ich habe ihn einmal getroffen, beim Nürnberger Bardentreffen war das. Ich bin morgens runter in den Frühstücksraum im Hotel. Biermann kam auch und hatte die Gitarre dabei. Anstatt zu frühstücken hat er sich hingesetzt und stundenlang gesungen. Ihm war jedes Publikum recht, auch die zehn Leute, die beim Frühstück saßen. Er musste Beifall hören.«

»Wie haben Sie das empfunden?«

»Ich fand es unangenehm. Ich bin aufgestanden, zu meinem Auto gegangen und in einem durchgefahren zu meiner Frau, die an der Ostsee im Urlaub war.«

»Sie haben diese Eitelkeit nicht ertragen?

»Er war einfach damals schon so verhärtet und so ein DDR-Hasser.«

»Hatten Sie Angst, damit in Verbindung gebracht zu werden, falls ein Stasi-Mann an einem der Tische saß?«

»So habe ich nicht gedacht. Ich hatte sowieso immer eine Betreuungsperson von der Künstlerorganisation dabei.«

So, so. Eine Betreuungsperson.

»Das verstehe ich nicht. All die Dinge, die in der DDR passiert sind, die brutalen Gefängnisse in Bautzen und Hohenschönhausen, das können Sie doch nicht gutheißen. Oder wie rechtfertigen Sie das?

»Naja, wie rechtfertigt man Obdachlose in Hamburg unter der Brücke? Jedes System hat seine dunklen Ecken, wo nicht aufgeräumt ist. Da wird palavert über die 120 Mauertoten, die es in der DDR zwischen 1961 und 1989 gab. Aber was ist mit der Grenze zwischen Mexiko und den USA, wo unzählige Migranten sterben? Das sind Opfer des kapitalistischen Systems.«

»Sie würden also sagen, wie man heute schlau sein muss, nicht unter der Brücke zu enden, musste man damals schlau sein, nicht in Bautzen zu landen?«

»Es gibt immer Reibungspunkte zwischen dem Individuum und der Gesellschaft. Aber jeder in der DDR hatte ein Gefühl dafür, mit welchen Verhaltensmustern man mit dem Staat in Konflikt geriet. Kinder wissen ja auch schon früh, dass sie nicht klauen dürfen. Doch das kapitalistische System ist nicht greifbar. Die System-Propaganda sagt ja, dass der, der scheitert, selbst schuld ist. Die Verantwortung wird immer dem Einzelnen zugeschoben und nicht dem System. Jeder ist

Ausblick von Karmas Balkon

seines Unglücks Schmied, behauptet sie. Aber der Einzelne ist nicht schuld. Dieses System spuckt Unmengen von zerstörten Menschen aus. In der DDR hingegen konnte man nicht so scheitern, man konnte nicht auf der Straße landen.«

»Aber ihr Vater wurde doch mit einem Veröffentlichungsverbot belegt?«, wende ich ein.

»Ja, aber er hat das akzeptiert. Er verstand sich als Teil eines größeren Ganzen. Er hat sich der Parteidisziplin gebeugt, wie man das auch in einer Fußballmannschaft macht. Außerdem geht es nicht um die Intellektuellen. Es geht um die Vielen, die Werktätigen, die eine Gesellschaft ausmachen, und nicht um die Intellektuellen, die bloß über sie reflektieren.«

Ich verstehe, worauf er hinauswill und bewundere die Demut, die es braucht, um so zu handeln. Ob ich es könnte, weiß ich nicht. ›Individualität ist alles‹, lautet der Leitsatz der Gesellschaft, in der ich lebe. »Egoismus« würde Karma das wohl nennen.

Als 1986 in Tschernobyl dann der Atomreaktor explodierte, als Gorbatschow in der Sowjetunion Reformen ankündigte und immer mehr Menschen aus der DDR in den Westen flohen, verstummte Karma. Sein Vater hatte ihn immer gewarnt, dass ihr Staat ein Kartenhaus sei, das leicht einstürzen könnte. Auch die Verbindung zu Silly brach ab. Karma erinnert sich so: Nachdem das Album »Bataillon d'Amour« auch im Westen Erfolg hatte, verfiel Sängerin Tamara Danz den materiellen Versuchungen des Kapitalismus und sägte Karma als Songtexter ab.

Dazu kamen die brutalen Wendejahre. Zwei der zwanzig Kommilitonen aus Karmas Philosophieseminar nahmen sich das Leben. An der Imbissbude vor seiner Tür tauchten Arbeitslose auf, schon morgens eine Büchse Bier in der Hand. Statt eines Dritten Wegs, eines tatsächlich demokratischen

Sozialismus, walzte die westdeutsche Politik alle verbliebenen Träume platt. »Ich habe nie ein Gefühl zu diesem neuen Staat gefunden«, sagt Karma.

»Aber alle hatten doch von dieser Freiheit geträumt!«

»Aber das war doch nur die Freiheit, Waren zu kaufen, billige Werte! Mit dem Daimler statt mit dem Trabi durch die Stadt fahren. Es ging um Konsum, und das ist wie Fressen und Scheißen!«

»Und was ist mit der Reisefreiheit?«

»Die habe ich nie vermisst. Mir reichte die Ostsee. Warum sollen diese fetten weißen Ärsche auch um die ganze Welt geflogen werden, um dann schlechte Fotos zu machen und zuhause Freunde und Familie damit zu langweilen? Dafür wird Kerosin verbraucht, ein Rohstoff, der begrenzt ist, der unseren Enkeln dann vielleicht mal fehlen wird. Die verballern ihn en gros und bluten die Welt aus. In der Planwirtschaft der DDR wurde zuerst der Bedarf bestimmt und dann produziert. Da gab es solche Verschwendung nicht.«

Das ist mir alles zu schwarz-weiß gedacht. »Man kann doch auch sagen, dass wir in einem Traum leben: Deutschland ist unermesslich reich, die Arbeitslosigkeit niedrig.«

»Aber wir sind nicht frei, weil wir von Leuten kontrolliert werden, die ihre Unternehmen auf- und zumachen, wie sie wollen. Meine Frau war zwanzig Jahre bei einer Plattenfirma. Als die verkauft wurde, stand sie plötzlich auf der Straße. Es ist doch so: Die Menschen in diesem Land werden genommen, benutzt und weggeworfen.«

*

Wir sprechen seit drei Stunden. Ich bin aufgewühlt. Ich hätte mich besser vorbereiten und wissen können, dass es kein seichtes Gespräch über Popmusik wird. Aber das ist halt Roadtrip. Es war das Unerwartete, was wir suchten. Doch jetzt reicht es mir auch. Ich muss das alles erst mal sacken lassen.

Ich bringe das Gespräch zu Ende, frage: »Was haben Sie denn heute noch für Träume?«

»Diese Gesellschaft ist traumlos«, sagt er. »Aber ich bin ein alter Mann und habe höhere Ansprüche als ein 30-Jähriger. Der würde wahrscheinlich mehr Träumer treffen – oder das, was er für Träumer hält.«

Thomas und ich verabschieden uns und sind zurück auf der Straße. Wir gehen Richtung Auto. Sätze aus dem Gespräch drehen Kreise in meinem Kopf. Wir schauen uns an. Thomas scheint es ähnlich zu gehen.

»Hast du Hunger?«, frage ich.

»Ja«, sagt Thomas.

Wir lassen das Auto stehen, laufen zur Hauptstraße. Auf der Bank einer Bushaltestelle liegt ein Mann unter einem versifften Schlafsack. Wir laufen an ihm vorbei, schauen hin, schauen verschämt weg, essen am Imbiss gegenüber Falafel und gehen zum Auto.

Zurück auf der B 96 fahren wir über die Brücke an der Warschauer Straße. Techno- und Touristenmeile. Leute in unserem Alter drängen sich auf dem Bürgersteig. Einige halten eine Bierflasche in der Hand, anderen hängt eine Kamera um den Hals, wieder andere kaufen gerade ein bisschen Gras. Sie alle suchen Unterhaltung, Ablenkung, Konsum. Auch Thomas und ich waren schon oft in dieser Gegend unterwegs. Warum auch nicht? Klar machen wir unseren Job, weil wir hoffen, dass dadurch die Welt ein bisschen besser wird, der Kapitalismus ein bisschen weniger ungerecht. Aber eigentlich war uns immer klar: There is no alternative. Es gibt keine Alternative.

Ein Stück weiter kreuzt die B 96 die Karl-Marx-Allee. Es ist eine meiner Lieblingsstraßen in Berlin, mit ihren Zuckerbäckerfassaden und hohen Türmen. Dann passieren wir die Rigaer Straße. Da vorne hat Luca Vaga, der freie Vogel, lange Zeit in einem besetzten Haus gewohnt und sein Leben außerhalb des Systems geführt. Dahinter überqueren wir die Landsberger Allee. An der Ecke habe ich mal mit vielen hundert Linken, Alternativen und Autonomen gegen einen Neonazi-Aufmarsch demonstriert.

Während wir weiterfahren, vermischen sich die Eindrücke und Erinnerungen mit Sätzen, die Karma gesagt hat und die vieles, was meine Generation für gegeben hält, in Frage stellen. Zum Beispiel, dass es keine Alternative zum bestehenden System gibt. Dass Individualität alles ist. Dass solidarische Träume von einer besseren Welt naiv sind.

Radikal denken, heißt Probleme an der Wurzel anzugreifen. Karma kann das. Ich glaube, viele Menschen in Ostdeutschland können das. Denn sie haben radikalen Wandel erlebt. Mehr als einmal.

TESCHENDORF

Wir dreschen aus Berlin raus, froh, statt Häuserschluchten wieder weite Felder und den Horizont zu sehen. Ich bin zwar auf dem Dorf aufgewachsen, aber in der Stadt groß geworden und wahrscheinlich finde ich es deshalb hier draußen spannender, weil unverstellter.

Wir fahren durch Teschendorf, eines dieser Dörfer, die sich wie ein Schlauch an der Bundesstraße entlang ziehen. Wir sehen eine rote Imbissbude. Auf dem Dach steht »Curry B96«. Mich lockt da irgendetwas, vielleicht eine Kindheitserinnerung: In unserer Straße gab es einen Imbiss, den meine Familie die »Pinke Pommesbude« nannte und zu dem wir immer gemeinsam gingen, weil da das leckerste Paprikasalz auf die Fritten gekippt wurde. Auf jeden Fall bitte ich Thomas zu wenden. Wir steigen aus, laufen zu Curry B96 und uns dämmert, dass an diesem Ort nicht nur Wurst serviert wird, sondern dass sich hier auch eine kleine Gemeinschaft trifft.

Der Typ, der etwas erhöht hinter der Edelstahltheke steht, heißt Jens Dröse. Er trägt ein ordentliches Poloshirt aus dickem Stoff, obwohl es da drinnen am Grill bullig heiß sein muss. Er nimmt seinen Job ernst.

Vor uns treten zwei Maurer an die Theke.

»Moin Jungs!«, ruft Dröse.

»Moin!«, schallt es zurück.

»Was darf's denn sein?«

»Zweimal Currywurst.«

»Mit oder ohne Darm?«

»Beide ohne.«

»Also zweimal eine?«

»Genau.«

»Brötchen?«

»Jo.«

Dröse packt mit einer Greifzange zwei Würste vom Rost, lässt sie in die Fritteuse gleiten, drapiert zwei Brötchen auf Servietten, stellt Pappschälchen daneben, hebt die Würste aus der Fritteuse, legt sie jeweils in ein Schälchen, packt sie nacheinander mit der Zange, schneidet sie in Stücke, spritzt Ketchup darüber, gibt dem Currystreuer, popppopp, popppopp, vier Klapse, steckt je eine Gewürzgurkenscheibe in die Schälchen und schiebt sie über die Theke.

»So, Jungs!«

Wir entscheiden uns für Curry-Buletten. Kannten wir noch nicht. Dröse macht sie fertig. Dann fängt er an, die Tische ringsum abzuwischen, und ich frage ihn ein bisschen aus. Zu DDR-Zeiten war er Verkäufer in einem Möbelhaus. Entspannt sei das gewesen. Nach dem Mauerfall startete er als Staubsaugervertreter durch. Alle lechzten nach Qualitätsprodukten aus dem Westen. Dröse machte viele Kilometer, viele Verkäufe, viel Geld. Doch nach ein paar Jahren hatte er keine Lust mehr darauf, zu leben um zu arbeiten. Er fing bei den Besitzern des Grills an, verkaufte erst Spargel entlang der B 96, half dann die Bude zu bauen, die eigentlich mal ein Schiffscontainer war. Sie schnitten Wände raus, ließen nur die Streben stehen, bauten eine neue Verkleidung, schlossen Grills und Kühlschränke an, dazu ausgefeilte Sicherheitstechnik: Wenn die Belüftung ausfällt, dann geht, zack, die Gaszufuhr aus, so passiert kein Unglück. Eine Fußbodenheizung ist auch drin für die kalten Wintermonate.

Jens Dröse

Ein Knochenjob ist es trotzdem. Vor allem, wenn Freitagnachmittag die ganzen Berliner an die Ostsee hochknallen. Da gehen schon mal ein paar hundert Currywürste über den Tresen und er rennt bis zu zwölf Kilometer an einem Tag. Er hat das mit einem Schrittzähler nachgeprüft. Trotzdem ist er abends pünktlich zu Hause bei der Familie und das ist wichtig.

An ruhigeren Tagen wie heute kann er sich auch mal auf den hohen Hocker neben der Bude setzen. Seinen Thron. Von da aus sieht er, wenn Kunden kommen, aber er kann auch eine Kippe rauchen und ein bisschen plaudern. Denn in der Ecke steht ein Stehtisch für die Stammkunden, etwas abgeschirmt vom Rest der Bude durch ein Gittertor, einige Blumenkübel und einen weißen Pavillon. Zwei Leute stehen schon dort. Wir stellen uns dazu.

Die beiden haben das gleiche Lächeln und die gleiche Art, sich auf dem Tisch abzustützen. Man sieht, dass sie Mutter und Sohn sind. Sie Mitte fünfzig, er Mitte zwanzig. Ute und Tobias. Sie hatten von Dröse einen Anhänger geliehen, um für Oma eine Couch zu transportieren. Den haben sie gerade zurückgebracht. Zu Mittag gegessen haben sie bereits, trotzdem bleiben sie.

Tobias arbeitet bei einem Caterer, fährt Essen an Kitas und Schulen in Berlin aus. Auch die Baustelle des BER-Flughafens beliefert er. Mit einer Portion. Immer wieder fährt er die B 96 runter und rauf. Auch an freien Tagen wie gestern. Sein Bruder musste in seinem Dreieinhalbtonner eine Tour machen und hatte gefragt, ob Tobias Lust hätte, einzusteigen. »Ist immer interessant auf der 96. Du kannst nie sagen, dass eine Fahrt der anderen gleicht«, sagt er und über sein Gesicht zieht sich ein Knuddelbärlächeln. Wenn es zeitlich passt, hält er bei Dröse, bestellt sich eine doppelte Curry-Bulette und plauscht eine Runde.

Tobias und Ute Aurisch

Auch seine Mutter kommt auf der Suche nach Gesellschaft. Ihr Mann war Fernfahrer. Mit seinem Hängerzug riss er eine Million Kilometer im Jahr runter. Nach Skandinavien, nach Osteuropa. Hinten drauf ein Baukran, mitsamt der tonnenschweren Betongewichte. Ein Knochenjob. Er liebte ihn. Und Ute liebte beide: den Job und den Mann.

Wenn ihr Mann über Nacht zwanzig Kilometer von zuhause entfernt stehen bleiben musste, weil seine Fahrtzeit abgelaufen war, brachte sie ihm ein heißes Abendessen und kuschelte sich zu ihm in die Schlafkabine. Gemeinsam sahen sie fern. Tobias schlief daneben auf einer Luftmatratze. Nur manchmal klagte Utes Mann über Schmerzen in den Beinen: Doch die Ärzte im Krankenhaus von Gransee versicherten, dass alles okay sei.

Als die Kinder alt genug waren, um sich selbst ein Ei in die Pfanne zu schlagen, wollte Ute endlich selbst erleben, wie das ist, eine Woche auf dem Bock zu sitzen. Sie und ihr Mann fuhren los. In Dortmund kamen die Schmerzen wieder und wurden unerträglich. Ute rief bei der Firma an und sagte, dass sie umkehren müssten. Wieder fuhren sie nach Gransee ins Krankenhaus. Wieder wiegelten die Ärzte ab: »Ach, Frau Aurisch, hören Sie mal auf zu weinen, Ihr Mann hat sich bloß einen Nerv eingeklemmt.« Ute glaubte ihnen nicht mehr, brachte ihren Mann in ein anderes Krankenhaus. Dort wurde er neu untersucht und eine lebensbedrohliche Lungenembolie diagnostiziert.

Sein Zustand verbesserte sich und die beiden feierten ihre Silberhochzeit. Groß und mit allem Drum und Dran. Zwei Tage später musste er wieder ins Krankenhaus. Wieder hatten die Ärzte etwas übersehen: eine vierstöckige Thrombose, die sich bis ins Becken erstreckte. Für eine Behandlung war es zu spät. Ute pflegte ihren Mann zuhause. »Er lag in meinen Armen und das letzte, was er zu mir gesagt hat, war: ›Kleine, ich will nicht sterben.‹« Er wurde achtundvierzig Jahre alt.

Heute kommt bei ihr manchmal noch ein befreundeter Trucker aus Kassel vorbei. Wenn er in der Gegend ist, funkt er sie an und nimmt sie ein Stück mit. Und wenn es passt, wie heute, steht sie bei Dröse an der Bude und blickt den Lastzügen hinterher.

»Und, Tobias, was hast du für Pläne?«, frage ich.

»Ich will auch richtig Fernfahrer werde. Wenn du mal so 500 PS unterm Arsch hast, dann macht das schon Spaß.«

»Dein Bruder will das ja auch«, sagt Ute.

»Ja, die 96 wird bei uns ein Leben lang eine Rolle spielen.«

»Und du machst dir keine Sorgen, dass deine Söhne auch Fernfahrer werden wollen?«, frage ich Ute.

Sie schaut mich an und sagt: »Die sollen ihre Träume verwirklichen.«

Bald darauf verabschieden sie sich und fahren nach Hause.

Kurz nach Mittag kommt Uwe. Schwer gebaut, kräftige Arbeiterhände. Mit zusammengekniffenen Augen, wirft er eine Packung Kippen auf den Tisch und stützt die Ellenbogen auf. Er bestellt einen Becher Kaffee und einen Leberkäse. Dröse mustert ihn kurz. Er kennt seine Stammgäste, ihre guten Launen. Und ihre schlechten.

Eine verwachsene Narbe zieht sich Uwes Unterarm entlang. Früher war Arbeit sein Leben. Als Maler und Stuckateur hat er in der Firma eines Freundes von morgens früh bis abends spät gewühlt. Seine Ehe zerbrach daran. An der Niere hatte er auch was. Die Ärzte drängten ihn, Gewebeproben entnehmen zu lassen, aber ihm war das lästig. Keine Zeit. Keine Zeit. Arbeiten. Arbeiten.

Er bekam Diabetes und schluckte Tabletten. Als ihm Gicht die Knie zerfraß, er sich nach dem Treppensteigen manchmal hinsetzen musste und heulte, schluckte er auch dafür Tabletten. Schmerzmittel. Richtig starke. Irgendwann versagten seine Nieren. Seitdem wird er dreimal die Woche morgens vom Fahrdienst zur Dialyse abgeholt. Fünf Liter Wasser holen sie ihm jedes Mal aus dem Körper. Danach muss er sich zuhause hinlegen. Davon versteift der Rücken. Arbeiten ist nicht mehr.

Sein Bruder starb vor anderthalb Jahren. Irgendwas war in seinem Hals geplatzt. Er erstickte qualvoll. Seitdem kommt seine Mutter jeden Morgen bei Uwe vorbei, bringt die BILD-Zeitung mit, guckt, wie es ihm geht. Sie würde ihm eine Niere spenden. Doch Uwe hat Angst vor der Operation. Außerdem hat er in der BILD die Geschichte eines Fußballers gelesen. Auch er brauchte eine neue Niere. Er bekam eine von seinem Vater. Der Körper stieß sie ab. Er bekam eine von seiner Mutter. Der Körper stieß sie ab. Alles vergebens. Und selbst wenn es klappen würde, hielte so eine Spenderniere ja nur zehn bis zwölf Jahre. Uwe ist jetzt siebenundvierzig.

Wenn seine Mutter sich mittags verabschiedet hat, legt er sich ins Bett und in seinem Kopf beginnt ein Gedanke zu kreisen: Wozu machste die ganze Scheiße noch? Wenn die Kreise immer enger, die Gedanken immer düsterer werden, rappelt er sich hoch und kommt an die Grillbude, stellt sich an den Tisch, bestellt sich was zu essen, unterhält sich ein bisschen, blickt den vorbeirasenden Autos hinterher und seine Perspektive weitet sich. Wenn er dann so darüber nachdenke, was manch andere für Krankheiten hätten, Krebs und so, da könne er eigentlich nicht meckern.

Mary, Thommy und Manfred kommen. Sie waren zusammen unterwegs, strahlen aus sonnenverbrannten Gesichtern. Alle drei sind irgendwann in die Nähe der Bude gezogen und haben sich hier kennengelernt.

Manfred am Stammtisch

»Jensi, du Schlingel! Wie geht's dir?«, ruft Mary zu Dröse. »Hast du zu viel Hitze abbekommen?«

»Hier, die beiden Jungs von der Presse haben mir ganz schön eingeheizt!«

»Wir waren gerade beim Markt in Dallgow«, sagt Mary. »Da hast du alles bekommen, von der verrosteten Schraube bis zu weiß ich was. Riesengroß. Gemüse gab's da. Wahnsinn. Den Preis haben die um die Hälfte verringert. Konnteste dreimal Heidelbeeren nehmen, dreimal so'ne Becher für zwei Euro.«

»Ja, ist doch gut«, sagt Uwe.

»Und die Avocado. Wo du hier im Laden einsneunundvierzig für bezahlst, gab's da zwei Stück für einen Euro. Habe ich erst mal eingesackt. Ich esse als Brotaufstrich lieber Avocado als irgendwas anderes. Brauchst nur ein bisschen Salz drauf. Total lecker.«

Es ist die große Kunst des Plauderns. Es geht nicht so sehr darum, was gesagt wird, sondern darum, dass gesprochen wird. Jeder erzählt mal ein bisschen was. Jeder hört mal zu.

»Und. Fußball geguckt gestern Abend?«, fragt Thommy.

»War okay gewesen, wa?«, sagt Jens.

»Ja, war'n gutes Spiel.«

»Paar schöne Tore gewesen.«

»So viele Tore!«, sagt Manfred.

Manfred ist der älteste der Stehtischgemeinschaft. Er wohnt auch schon am längsten in Teschendorf, seit 1988, in den Häusern neben der Bude, die früher zur örtlichen Landwirtschaftlichen Produktionsgenossenschaft gehörten. Pflanzenproduktion hat er gemacht. Kühe, sagt er, würde er am Schwanz melken. Doch nach der Wende war Schluss. Dann noch ein bisschen in eine Arbeitsbeschaffungsmaßnahme und dann mit achtundfünfzig Jahren war Ruhe. Seitdem kümmert er sich um seine Nachbarn. Repariert hier eine Bank, hilft da beim

In Dröses Bude

Einkauf, hört sich Klatsch und Tratsch und Kummer an. Die anderen nennen ihn »den Bürgermeister«.

Nur bei den Ur-Teschendorfern, da käme er nicht rein. Das sei eine verschworene Gemeinschaft. Die träfen sich immer in der Kneipe, als Zugezogener hätte man da aber einen schweren Stand. Aber was soll's, hier an der Bude gibt es immer was zu gucken, zu erzählen, zu erleben. Wie kürzlich, als ein Tanklaster verunglückte, auslief, die B 96 komplett gesperrt wurde und sie ihren Stehtisch mitten auf die Fahrbahn stellten. Uwe, ein bisschen fröhlicher, sagt: »Das ging bis spät in die Nacht!« Schöne, weil geteilte Erinnerungen.

Und natürlich hilft man einander, weil man das ja auch zu DDR-Zeiten so machte, als der Mangel Solidarität stiftete. Erst letztens wieder. Dröse kennt da einen Hausbesitzer, der gelegentlich vorbeikommt. Einmal erzählte der, dass er jemanden für den Innenausbau suche. Dröse brachte ihn mit Thommy zusammen, der mit seinen Händen umzugehen weiß.

Der nächste kommt an den Tisch, Frank. Ein großer Typ mit weißem Schnauzbart und blauen Augen. Ende fünfzig. Ein Kumpeltyp. Auf seinen Armem prangen mehrere Tattoos, die nach Knast aussehen: ein Männchen, das in Sträflingskleidung einen Globus empor klettert, die Fackel der Freiheitsstatue. Auch er ist kürzlich in die alten LPG-Häuser nebenan gezogen und kommt an die Imbissbude, um der Einsamkeit zu fliehen.

Geboren wurde er in Ostberlin, doch anders als Werner Karma war ihm die Ostsee nicht genug. Er wollte Wale sehen, Polarlichter, tropische Strände, kundschaftete deswegen mit einem Kumpel Mitte der Siebzigerjahre die tschechische Grenze aus, wollte durch den Eisernen Vorhang schlüpfen, rübermachen. Ein Bekannter verriet sie. Frank wurde festgenommen. Ein Gericht verurteilte ihn zu vier Jahren und zwei

Monaten Haft. Er landete im berüchtigten Stasi-Knast von Bautzen. Einzelzelle. Sie wollten ihn brechen.

Zwei mal drei Meter maß die Zelle. Wenn er auf Toilette wollte, musste er klingeln. Hatten die Wärter einen schlechten Tag, ließen sie ihn warten. Lesen durfte er nicht. Besuch bekommen durfte er nicht. Es blieb ihm nur, auf und ab zu laufen. Ein Jahr lang.

Zum Zeitpunkt seiner Verhaftung war er mit einer Frau zusammen. Dass sie schwanger war, wusste er nicht. Auch sie durfte ihn nicht besuchen. Als das Kind geboren wurde, zwang die Stasi ihn, das Kind zur Adoption freizugeben. Er hat seinen Sohn nie kennengelernt.

Nach dem ersten Jahr kam er in eine Gruppenzelle. Dicht drängten sich die Betten für sechsundzwanzig Insassen. Einige hatten gemordet, andere vergewaltigt. Ein Zellengenosse, auch er hatte Frau und Kind verloren, ertrug es nicht. Sie fanden ihn tot, aufgehängt. Die Verzweiflung packte auch Frank. Doch er bekam einen Job, Knastarbeit für Robur, arbeitete sich vom Handlanger zum Schichtleiter hoch. Das und sein stoischer Optimismus retteten ihn.

Die letzten zwei Monate seiner Haft wurden in eine zweieinhalbjährige Bewährungsstrafe umgewandelt. So war er nach vier Jahren raus, konnte aber keinen Ausreiseantrag stellen.

Er sagt, seit dieser Zeit könne ihn nichts mehr so schnell aus der Ruhe bringen. In den Jahren danach reparierte er Waschmaschinen, fuhr Kräne und Lastwagen, schuftete auf dem Bau. Wenn er die Schnauze voll hatte, wechselte er den Job. Er reinigte auch Gullis entlang deutsch-deutscher Grenzübergänge. Dann standen drei Soldaten daneben, die Maschinenpistole im Anschlag. So war das halt in der DDR. Aber er ist Menschen wie Karma, die wirklich an den Sozialismus glaubten, nicht böse. Nur die Mitläufer stoßen ihn ab.

Nach der Wende verliebte er sich noch mal, heiratete, ließ sich 2008 wieder scheiden. Auf der Arbeit verletzte er sich bei einem Sturz mehrere Wirbel und wurde arbeitsunfähig geschrieben. Jetzt sollte seinem alten Traum nichts mehr im Wege stehen: Reisen.

Mit einem Kumpel kaufte er sich einen vierzehn Meter langen Flusskreuzer. Sie bauten neue Betten in die Kajüten, installierten eine Solarzelle, überholten die Bordelektronik. Dann lichteten sie den Anker – durch den Rhein und seine Kanäle schifften sie zur Donau. In Wien schlitzten sie sich den Rumpf auf, mit Glück sanken sie nicht. Sie durchquerten den Balkan und fuhren durch Bulgarien ins Schwarze Meer. Unterwegs machten sie endlich die abenteuerlichen Begegnungen, die Frank immer gesucht hatte.

Wie eines Tages, als sie erst spät abends an einer Schleuse loskamen. Ohne Radar durften sie nach Sonnenuntergang eigentlich nicht fahren. Also fanden sie einen Frachter, der in ihre Richtung fuhr. Frank funkte ihn an, fragte ob sie sich hinter ihn setzen dürften. Als Antwort kam: Kommt doch einfach längs und macht bei uns fest. So ließen sie sich drei Tage ziehen, aßen, soffen und lachten mit dem russischen Kapitän, seiner ukrainischen Frau, dem bulgarischen Maschinisten und dem serbischen Bootsmann.

Ein anderes Mal, sie hatten fast den Bosporus erreicht, zog sich der Himmel zu. Frank stand am Steuer. Er kontrollierte nach hinten und sah eine drei Meter hohe Welle anrollen. Sie brach über dem Heck des Boots. Der Bug schoss in die Höhe, tauchte tief ins nächste Wellental. Es brachte selbst Frank aus der Ruhe. Seinen Kumpel schleuderte es über die Brücke, er schlitzte sich die Hand auf. Aufbauten wurden vom Deck gerissen. Mit Not retteten sie sich in den nächsten Hafen und warteten das Ende des Sturms ab. Dann nahmen sie Kurs zu-

Frank

Curry `B96` **SPEISEN**

Original Berliner Currywurst mit Darm	1,80 €
Original Berliner Currywurst ohne Darm	1,80 €
Topangebot Bockwurst mit Brötchen	1,40 €
Thüringer Rostbratwurst im Brötchen	1,80 €
Boulette mit Curry	1,60 €
Paniertes Schweineschnitzel	2,90 €
Schaschlik in pikanter Sauce	2,90 €
Hausgemachte Eintöpfe siehe Angebotstafel	2,90 €

Curry

Leberkäse im Brötchen	2,00 €
Hähnchen Nuggets 5 Stück	2,00 €
3 Kartoffelpuffer mit Apfelmus	2,00 €
Pommes	1,50 €
Kartoffelsalat	1,60 €
Brötchen	0,20 €
Zigeunersauce	0,80 €
Portion Zwiebeln	0,40 €
Ketchup/ Mayonnaise	0,20 €

GETRÄN

Kaffee
Tee verschiedene Sorten
Heiße Schokolade
Kakao Flasche
CocaCola auch Familien
Apfelschorle Flasche
Multivitaminsaft
Red Bull
Bier auch alkoholfrei
Verschiedene Li

rück auf die Donau und auf ihren Liegeplatz in dem kleinen Hafen unweit von Curry B96.

Sein Kumpel muss wieder arbeiten und Frank selbst kommt jetzt, wie er sagt, ins knackige Alter. Wenn er morgens aufsteht, knackt alles. Die Pflege des Boots wird ihm zu viel und manchmal überkommt ihn Einsamkeit. Also kommt er nachmittags immer mal vorbei, zu der kleinen Gemeinschaft am Stehtisch, die erst langsam auseinandergeht, als sich das Sonnenlicht golden färbt und der Verkehr auf der B 96 verebbt.

Dröse spült die Messer und Greifzangen, stellt den Ketchup in den Kühlschrank, bürstet den Grill und wischt die Edelstahlflächen ab. Als der letzte Gast bedient ist, stellt er sich noch einen Augenblick zu Thomas und mir. »Früher gab es so ein Zusammenkommen viel öfter«, sagt er. »Aber so ist das halt. Im Kapitalismus ist sich ja jeder mehr oder weniger selbst der nächste«

Er hat in seinem Leben beides ausprobiert, erst zu DDR-Zeiten den entspannten Job im Möbelhaus, dann als Staubsaugervertreter das andere Extrem, also viel Stress und viel Geld und wenig Zeit für die Familie. Er kennt beides und hat sich für eins entschieden: für den Job in der Bude, mit dem Stehtisch nebendran und der vertrauten Gemeinschaft, die sich um ihn versammelt.

NEUBRANDENBURG

Sonnenverbrannt vom Rumstehen an der Imbissbude fahren wir an einen nahegelegenen See, parken und springen hinein. Zum Trocknen legen wir uns an den Strand. Neben uns räkeln sich zwei junge Pärchen, spielen ein überlautes Was-sich-liebt-das-neckt-sich, trinken Erdbeerperlwein und verleiden uns die Idee, das Ende des Sonnenuntergangs zu genießen.

Zurück auf der B 96 sehen wir die Werbetafel eines Schlosshotels und bekommen Lust, uns eine Übernachtung dort zu gönnen. Vom Parkplatz aus laufen wir durch das Haupttor und überqueren den Schlossplatz mit seiner Natursteinkirche und dem verschnörkelten Brunnen. Thomas sagt: »Ich wette ums Abendessen, dass du dich nicht traust, mit deiner Schwimmbrille im Gesicht zur Rezeption zu gehen.«

Eine Bekannte erklärte mir kürzlich, Professionalität im Job bedeutet, seine Gefühle während der Arbeit zu kontrollieren. Der Rezeptionist ist Vollprofi. Er lässt sich nicht anmerken, dass ich vor ihm stehe wie ein Idiot.

Auf der Restaurantterrasse finden wir einen Tisch mit Blick über den Schlossgarten, das Wildschweinragout schmeckt köstlich. Dann kommt die beachtliche Rechnung, Thomas übernimmt sie – Wettschulden sind Ehrenschulden. Trotzdem packt mich das schlechte Gewissen und ich bestelle uns noch ein paar Runden Whiskey.

Es pocht in meinem Kopf, als wir am nächsten Morgen nach Neubrandenburg weiterfahren.

Kurz vor Ende des Zweiten Weltkriegs brannten achtzig Prozent der Stadt nieder. Während wir durch die wiederaufgebauten Straßen und Häuserschluchten laufen, muss ich an Hoyerswerda denken und an Baumeisters Satz, dass das Notwendige auch erhaben sein kann. Doch in Neubrandenburg ist es erschlagend monoton. Im Stadtzentrum reihen sich mehrgeschossige Zweckbauten aneinander, rundherum ragen Wohnsilos in die Höhe. Dazu hämmert uns die Sonne auf den Kopf. In der Fußgängerzone quatschen wir einen älteren Herrn an, doch außer dass er einen wunderbar norddeutschen Akzent hat, kann er uns auch nicht weiterhelfen. Wir sind uninspiriert und haben keine Ahnung, mit wem wir in dieser Stadt über Träume sprechen sollen, setzen uns in ein Café und bestellen ein zweites Frühstück.

»Wie wär's mit einem Trabi-Club?«, frage ich.

»Keine schlechte Idee«, sagt Thomas. »Wir könnten mit denen in der Werkstatt rumhängen.«

»Ein bisschen fachsimpeln, ein bisschen in Ostalgie schwelgen.«

»Okay.« Thomas zückt sein Handy und googelt, findet eine Telefonnummer. Wir rufen an. Einmal. Zweimal. Dreimal. Keiner geht ran.

Wir googeln weiter. In einem Onlineartikel lesen wir, dass ein Unternehmen in Neubrandenburg eine Hochgeschwindigkeitswurstschneidemaschine baut: Fünfzig Scheiben pro Sekunde! Irgendwie witzig. Aber nicht sonderlich emotional.

Wir bestellen eine zweite Tasse Kaffee.

»Wie wäre es, wenn wir ein paar Tätowierer aufsuchen?«, frage ich. »Die machen ja nichts anderes, als den Menschen ihre Sehnsüchte auf die Haut zu stechen.«

»Ja, das wären wahrscheinlich auch gute Fotos«, sagt Thomas.

Wir googeln eine Weile, suchen das schickste Studio aus, das wir finden, bezahlen das Frühstück und fahren hin. Breite Magistralen, flankiert von Plattenbauten prägen die Stadt. Im Erdgeschoss eines Wohnturms arbeitet der Tätowierer. Wir nehmen die zwei Stufen zum Eingang, öffnen die Tür und stehen vor einem kleinen Empfangstresen. Dahinter wartet ein freundlich lächelnder Typ. Bullige Gestalt, rasierte Frisur, zu viele Tattoos, als dass ich sie auf den ersten Blick erfassen könnte. Wir sagen, was wir wollen. Er antwortet: »Klar, sprecht am besten direkt mit dem Chef. Der ist gerade drinnen.«

Wir gehen rein, auf einem gekippten Stuhl liegt eine Frau, blaue Blumen ranken sich um ihren Oberarm. Der Chef beugt sich über sie. Die Tätowiermaschine surrt in seiner Hand.

»Der Kollege hat uns zu dir geschickt. Wir wollen über ein Tattoostudio schreiben und darüber, was eure Kunden so für Tattoos wollen«, sage ich.

Der Tätowierer schaut uns an. »Also, gerade haben wir viel zu tun, aber wenn ihr nachmittags wiederkommt, können wir das gerne machen.«

Während er das sagt, schaue ich mich um. Auf einem Regalbrett hält die Figur eines Wehrmachtssoldaten Wache. An der Wand hängt eine Steinplatte, auf der ein Eisernes Kreuz prangt. Ich mustere den Chef genauer und entdecke auf seinem Arm noch eins. Ich verstumme.

Das letzte Mal habe ich solche Tattoos während einer Demo in Plauen gesehen. Neonazis prügelten mit Fahnenstangen auf schwergepanzerte Polizisten ein, erwischten eine junge Gegendemonstrantin, schlugen sie bewusstlos.

Thomas reagiert cooler als ich. Er kennt das aus seiner Jugend. Bei Grillfesten tauchten schon mal besoffene Dorfnazis auf, traten das Bierfass um und verteilten Kopfnüsse. Typisch ostdeutsche Jugend Anfang der Zweitausenderjahre.

Ich höre nicht genau, was der Studiochef noch sagt, aber rufe sehr bald: »Alles klar, wir kommen dann nachher wieder! Macht's gut, ne? Ciao!« Schnell sind wir draußen. Thomas quatscht vor der Tür noch so einen Typen an. Um seinen Hals zieht sich ein Schriftzug. »Was steht da?«, frage ich.

»Da steht: ›Unser einziges Ziel ist es, sie zu jagen‹«, sagt er und schiebt hinterher: »Ist ein bisschen zweideutig, was?« Er lacht. Wir gehen zurück zum Auto.

Ziellos fahren wir durch die Stadt. Erst der Kater, danach die Trabi-Pleite, jetzt ein Haufen Nazis. Manchmal haut's nicht hin. Auch das ist Roadtrip.

*

Im Schatten der Plattenbauten fahren wir über eine der breiten Magistralen. Hinter einer Kurve öffnet sich der Blick. Auf einem Berg sehen wir weitere Plattenbauten emporragen, abgeschlossen und trutzig wie eine Burg. Plötzlich meldet sich das, was man in unserer Branche etwas hochgestochen »Reporterinstinkt« nennt: Dort oben werden wir unsere Story finden. Wir wissen noch nicht, was für eine Story, aber an solchen Orten leben Helden, da sind wir uns plötzlich sicher.

Die Straße schwingt den Berg hoch. An einem etwas schäbigen weißen Haus sehen wir das Schild eines arabischen Ladens hängen. Krasser Kontrast zu den Nazitätowierern, denke ich. Aber warum nicht? Wovon träumt wohl ein Migrant in so einer Stadt? Wir parken den Wagen und gehen hinein.

An den Wänden des kleinen Verkaufsraums laufen Regale entlang. Konservendosen mit dicken Bohnen, Gläser voller passierter Tomaten und Packungen mit Matetee stapeln sich darauf. Dazu drei Shishas und fünf Kaffeekessel mit langem Stiel. Es wirkt wie ein Lagerraum.

Einkaufscenter in der Oststadt

Wir begrüßen den Besitzer. Er stellt sich als Nawras Muhsen vor, 31 Jahre alt, und schlägt vor, dass wir uns ins Hinterzimmer setzen. Sofas, ein niedriger vollgestellter Tisch, Papiere. Muhsen hat große braune Augen, er trägt karierte Shorts und ein babyblaues T-Shirt. Seine Stimme ist scharf, als er anfängt zu erzählen, was ihm in den vergangenen Jahren hier in der Oststadt von Neubrandenburg widerfahren ist.

Er entstammt einer wohlhabenden Familie aus Bagdad. Viele seiner Verwandten waren Goldmaler, sein Vater handelte mit Gold. Es sind die traditionellen Berufe der Mandäer, einer kleinen Religionsgemeinschaft aus dem Südirak. Für sie ist Jesus ein falscher Prophet, Johannes der Täufer die zentrale Gestalt. Muhsens Vater kannte die Reichen und Schönen Bagdads. Weil jemand einen Groll gegen ihn hegte, landete er Ende der Neunzigerjahre im Knast. Als er sechs Monate später frei kam, fand er seinen Laden geplündert, floh nach Deutschland, kam nach Neubrandenburg, fand einen Job als Dolmetscher und holte zwei Jahre später seine Familie nach.

Muhsen war der einzige Junge in seiner Klasse, der nicht in Deutschland geboren war. So war es auch in seiner Ausbildung zum Koch und später in den Küchen, in denen er sechs Tage die Woche zwölf Stunden täglich schuftete. Probleme hatte er deswegen nicht. Doch als Koch muss man viel rennen und stehen und das war ihm zu anstrengend. Freunde und Bekannte sagten: »Du kennst dich mit Nahrungsmitteln aus. Mach doch einen arabischen Lebensmittelmarkt auf, sowas gibt's hier noch nicht.« Er fand das Ladenlokal in der Oststadt. Die Miete war niedrig und die Lage nahe der zentralen Flüchtlingsunterkunft der Stadt schien ihm gut.

Das war Ende 2014. Der Start verlief vielversprechend. Er verkaufte im Schnitt fünfhundert Brote pro Woche. Im Jahr darauf begann die Zeit der großen Nordwanderung im Nahen und Mittleren Osten. Hunderttausende Menschen, Syrer, Iraker, Afghanen, flohen durch die Türkei, Griechenland und den Balkan nach Europa. Angela Merkel traf die wichtigste Entscheidung ihrer Kanzlerschaft: Sie hieß diese Menschen in Deutschland willkommen. Muhsen wurde von da an zunehmend verbittert. Hass packte ihn. Ein neuangekommener Syrer habe unten im Zentrum von Neubrandenburg einen Laden eröffnet, erzählt er, und dort ebenfalls arabische Lebensmittel angeboten. Er selbst habe dadurch viele Kunden verloren, weil der andere ein Betrüger sei: »Der hat doch früher für den Islamischen Staat gekämpft. Woher sonst sollte der so viel Startkapital haben? Außerdem wäscht der Geld und erzählt überall rum, dass ich schlechte Ware anbiete.« Muhsen selbst verkaufe seitdem kaum noch etwas, ein paar Kleinigkeiten und vielleicht noch hundert Brote die Woche. Er könne gerade die Miete bezahlen.

Von der Wut auf den einen ist es nicht weit bis zur Wut auf alle. Die Syrer würden sich auf Hartz IV ausruhen oder schwarzarbeiten oder beides, und sie bekämen sofort ihre Papiere. Er hingegen habe immer noch keinen deutschen Pass, und das, obwohl er seit sechzehn Jahren hier lebe. Dazu die Unsicherheit, seit die Syrer da sind!

»Was ist denn los?«, frage ich.

»Kindervergewaltigungen, Mädchenbelästigungen, Messerstechereien, Waffenbesitz, all so ein Scheiß«.

Er erinnert sich, wie einmal zwei Syrer vor dem Kaufland ein vierzehnjähriges Mädchen im Minirock angegrapscht hätten. Er sei dazwischengegangen und habe die Polizei gerufen. Als die ankam, hätte der Polizist nur gesagt, dass das Mädchen selbst schuld sei, sie müsse sich ja nicht so aufreizend anziehen. Dem habe er gesagt: »Stell dir mal vor, das ist deine Tochter!«

»Ich habe keine Tochter«, habe der Polizist geantwortet.

Nawras Muhsen

»Ach, verpiss dich!«, habe Muhsen gesagt. »Wenn das meine Tochter wäre, würde ich dich zusammenschlagen.«

Die Polizei sei dann abgerückt.

So hatten die Beamten mit sich reden lassen? Seine Übertreibungen fangen an, mich zu nerven.

»Ich habe auch eine Tochter. Wenn sie in dem Alter belästigt wird, werde ich keinen Syrer hier in Ruhe lassen. Keinen einzigen«, sagt er. Obwohl er doch schon so lange hier sei, habe sich auch sein Verhältnis zu den Deutschen verschlechtert. Seit 2015 würde kein Unterschied mehr gemacht zwischen ihm und den Neuankömmlingen. Die Deutschen würden alle in einen Topf werfen, auch ihn anfeinden.

»Ja, wir waren eben in einem Tattooladen, und die Jungs da waren ganz schön hart drauf«, sage ich.

»Markus und Stephan?«, fragt Muhsen. »Die kenne ich.«

Schon in der neunten Klasse habe er den Neonazi-Chef der Oststadt kennengelernt, und auch viele andere Rechte seien seine Freunde gewesen. Das seien gute Jungs, mit denen er nie Probleme gehabt habe. »Die machen den Job, den die Bullen nicht machen.«

Ich höre das alles und nicke und weiß nicht so recht, was ich sagen soll. Muhsen ist ein Flüchtling, der in Deutschland willkommen geheißen wurde, aber anderen Flüchtlingen gönnt er das nicht. Er fühlt sich von den Deutschen diskriminiert, weil die alle Araber in einen Topf werfen würden, er selbst würde aber jeden Syrer fertig machen, wenn auch nur einer seine Tochter anfassen würde. Neonazis, deren einziges Ziel es ist, Menschen wie ihn zu jagen, nennt er seine Freunde.

»Und einmal«, sagt er und da bricht sich der Bogen seiner Erregung, »hat mich ein Deutscher hier im Laden sogar als Nazi abgestempelt. Dabei habe ich einfach nur meine Meinung gesagt!«

Wow, er scheint's nicht mal zu merken.

Thomas und ich verständigen uns mit einem Blick. In diesem Supermarkt werden wir keine Träume finden, nur Hass, nichts Positives, nichts, das unser gesellschaftliches Zusammenleben solidarischer machen würde. Wir machen noch ein bisschen Smalltalk, bedanken uns für das Gespräch und verabschieden uns.

*

An einem Kebapladen holen wir uns zwei Becher Kaffee und trennen uns dann. Thomas hat gegenüber des Einkaufscenters ein sozialistisches Wandbild entdeckt, das »Kinder – Träume – Zukunft« heißt. Es erzählt von den Wundern der schulischen Bildung. Ich erkenne Ikarus oder vielleicht seinen Vater, den genialen Erfinder Dädalus, und darüber in direkter Linie einen Astronauten. Thomas will sich Zeit nehmen, es zu fotografieren. Ich will durchatmen, gehe am Wandbild vorbei und über den Platz vor dem danebenliegenden Supermarkt. Dahinter erstreckt sich eine weite Brache. Trampelpfade durchziehen das wild wuchernde Gras. Ich folge ihnen, blicke an den umliegenden Plattenbauten hoch. Hat sich unser Reporterinstinkt geirrt? Vielleicht ist dies doch kein Ort für Helden, für Träume?

Am Ende der Brache trete ich auf die Straße. Rechts erstreckt sich ein Gebäuderiegel. Die braunen Fassadenfliesen von Rissen durchzogen. Von den Fensterrahmen blättert weiße Farbe. Links schmiegt sich ein Flachbau an die Straße. Gelbe, grüne, rote Lamellen verzieren die Fensterfront, junge Bäume sprießen im Garten, der Tartan des Basketballplatzes leuchtet blau. Kinder strömen durch den Haupteingang, lachen. Viele scheinen aus der nahegelegenen Flüchtlingsunterkunft zu stammen. Ich schaue dem Treiben eine Weile zu,

Wandbild »Kinder – Träume – Zukunft« von Erhard Großmann

ziehe dann mein Handy aus der Tasche und schreibe Thomas eine Nachricht: »Komm zur Regionalschule Am Lindetal, ich glaube, ich habe unsere Story gefunden«. Dann gehe ich zum linken Gebäude. Wenn es in einer so naziverseuchten Stadt einen Ort gibt, an dem Flüchtlingskinder lachen, dann gibt es da etwas Gutes.

Hinter dem Eingang öffnet sich ein lichtdurchflutetes Foyer. Links wird aus einer Durchreiche Grieß mit Kirschen verkauft. Davor stehen Tische und Stühle in einer weiten Aula. Einige Wände sind grasgrün gestrichen. Rechts geht eine Tür zur Verwaltung ab. Ich frage im Sekretariat nach der Schulleiterin.

Regina Stieger begrüßt mich in ihrem Büro. Ihr Kleid strahlt orange, als wollte sie den vielen Farben der Schule ein i-Tüpfelchen aufsetzen. Ich setze mich, sage, dass wir eine Geschichte über Migranten in der Oststadt schreiben wollen, und sie sprudelt los: »Ich komme gerade vom Sportfest. Wir hatten erwartet, dass es vielleicht Probleme wegen des Ramadans geben könnte. Das war aber nicht so! Die Kinder haben sich so für ihre Klassen ins Zeug gelegt, die sind gelaufen wie die Wiesel!«

In dem Tempo geht das Gespräch weiter. Es sei eine gebundene Ganztagsschule, die nachmittags Sport, Musik, Kunst anbiete. Ein Drittel der Kinder habe einen Migrationshintergrund, sechzehn Prozent der Menschen im Einzugsbereich seien arbeitslos. Für viele wäre das hier eine Brennpunktschule. Stieger nennt ihre Arbeit »einen Traumjob«. Natürlich sei es nicht immer einfach, es würde auch mal knallen. »Aber dann muss man klare Ansagen machen und darauf achten, dass sich alle Kinder gleich behandelt fühlen und sie verstehen: Das Schulgesetz gilt für jeden x-Beliebigen. Egal woher, ob rote, grüne, blaue Haare, ob dick, dünn, groß, klein, ob aus Deutschland oder nicht aus Deutschland.«

Sie nennt es das »Prinzip liebevolle Härte« und habe es auch bei ihren eigenen Kindern angewandt, und die seien ihr gut gelungen: Der Sohn arbeite bei einem IT-Unternehmen in Ulm, die Tochter sei Lehrerin. Wie das Prinzip in der Umsetzung aussieht, erlebe ich, als sie einen Anruf bekommt und gebeten wird, sich um einen Jungen zu kümmern. Er hat zwei Mädchen gehauen. Im Rauscheschritt durchmisst sie den Verwaltungsflur und läuft ins Foyer. Da sitzt der Junge auf einer Bank. Schwarze Haare, dunkle Augen, die langen Wimpern niedergeschlagen. Seine Füße baumeln in der Luft. Neben ihm steht eine Schulpädagogin, sagt: »Das ist eigentlich ein Lieber ...« »Ja, ja, ja«, erwidert Stieger, dann hebt sie ihre Stimme um zwei Oktaven, akzentuiert schärfer. Ich kenne diese Ausschimpf-Stimme aus meiner eigenen Schulzeit. »Der war schon zwei, drei Mal bei mir. Der ist so einer, den muss man mal liebevoll an den Ohren packen, weil hier niemand gehauen wird und schon gar keine Mädchen. Das machen nur Pfeifen! Weißt Du, was eine Pfeife ist?« Stumm schaut der Junge Stieger aus großen Augen an. »Pfeifen sind ...«, ruft Stieger, steckt sich zwei Finger in den Mund und pfeift einen schiefen Ton. Dann lacht sie, wuschelt dem Jungen durch die Haare und rauscht weiter. Ich hinterher.

Im April 2014 startete sie die erste Klasse für »Deutsch als Zweitsprache«, weil immer wieder Schüler aus der nahegelegenen Flüchtlingsunterkunft aufgenommen wurden. Am Anfang kamen vor allem Kinder aus Serbien, Albanien, Tschetschenien und aus der Ukraine. In den DaZ-Klassen lernen sie jeden Tag vier Stunden Deutsch. Zusätzlich gehen sie für Mathe und Sport in die normalen Klassen. Mathe sei wichtig für das spätere Berufsleben, und im Sportunterricht würden sich die neuen und alten Schüler bei Gruppenspielen kennenlernen und die neuen ein paar deutsche Wörter aufschnappen.

Regina Stieger vor ihrem Büro

Natürlich sei auch das ein oder andere Schimpfwort dabei, aber das sei halt so. Nach einem Jahr sollten sie genug Deutsch können, um dann voll in die regulären Klassen einzusteigen. Anderthalb Jahre nach der Eröffnung der ersten DaZ-Klasse erreichte die große Nordwanderung auch die Regionalschule in Neubrandenburg. Bald war eine Klasse nicht mehr genug. Regina Stieger suchte weitere DaZ-Lehrer und eröffnete eine zweite.

Viele der Neuankömmlinge aus Syrien wissen, wie man im Krieg überlebt, aber haben seit Jahren nicht mehr in einer Schule gesessen. Sie können am Klang einer Explosion unterscheiden, ob in ihrem Viertel gerade eine Fassbombe oder eine Artilleriegranate eingeschlagen ist, aber den Unterschied zwischen Kathete und Hypotenuse kennen sie nicht. Auch Tugenden wie Pünktlichkeit, Zuverlässigkeit, Ordnung halfen ihnen in der Heimat nicht, wenn es darum ging, etwas zu essen zu besorgen. Sie sprechen kein Deutsch, manche sind Analphabeten. Dazu kommt, dass viele Traumatisches erlebt haben. Ein Schüler war erst fünf Jahre alt, als eine Bombe in seiner Nähe explodierte und ihm drei Finger von der Hand riss. Ein anderer las kürzlich auf Facebook, dass der kleine Bruder seines besten Freundes nach einer Operation nicht mehr aufgewacht war. Viele Schüler verstummen, wenn im Geschichtsunterricht Kriege durchgenommen werden.

Manch ein Lehrer war anfangs überfordert, meldete das auch bei der Direktorin. Stieger gab die Losung aus: »Seid einfach lieb und nett, dann merken die schon, dass ihr es gut meint und strengen sich an, es ihrerseits gut zu machen.« Naiv ist sie jedoch nicht, sondern ergriff auch handfeste Maßnahmen: Viele Neuankömmlinge hatten das Gefühl, dass ein bisschen zu spät kommen nicht so schlimm sei. Stieger sorgte dafür, dass der Haupteingang zum Unterrichtsbeginn abgeschlossen wird. Wer zu spät kommt, muss klingeln und bekommt eine Standpauke.

Sie schickte Lehrer auf Fortbildungen und organisierte Elternversammlungen mit Dolmetschern und erklärte, worauf sie wert legt: dass die Kinder ihre Schulsachen mitbringen, die Hausaufgaben machen und das Schulgesetz einhalten. Wer nicht spurt, muss nachsitzen. Wer es dann noch nicht kapiert hat, wird verdonnert, auf dem Schulgelände Müll einzusammeln, wo es alle anderen sehen. Außerdem stellte Stieger eine zusätzliche Sozialarbeiterin ein, die sich um Kinder kümmert, die besondere Aufmerksamkeit brauchen. So lenkte sie den Schulalltag wieder in geregeltere Bahnen. Doch nicht alles liegt in ihrer Macht.

Ein Schüler namens Tarek, einer der ersten Syrer an der Schule überhaupt, begriff ab dem ersten Tag, dass die Schule seine Chance ist. Er hatte auch zuhause noch Deutschbücher gewälzt. Schon nach drei Monaten fragte er, ob er Vollzeit in den regulären Unterricht wechseln könne. Die Lehrer hielten das für sehr ambitioniert, aber es ging gut. Plötzlich tauchte er nicht mehr auf. Keiner wusste, wo er war, alle machten sich Sorgen, denn die Vermutung stand im Raum, dass Tarek abgeschoben worden war. Seine Klassenkameraden schlugen in den sozialen Netzwerken Alarm, setzten sich für ihn ein, bis sogar die lokalen Radiosender darüber berichteten.

Tarek meldete sich. Tatsächlich war die Polizei in der Flüchtlingsunterkunft gewesen, um jemanden zu suchen, der abgeschoben werden sollte. Tarek und seine Mutter hatte die Angst gepackt, zurück in den Krieg geschickt zu werden, und so waren sie zu Verwandten in Berlin geflohen. Nach einer Woche kehrte Tarek zurück.

Dann war da der Junge aus dem Kosovo. Er wurde auf dem Weg zur Schule von der Polizei abgefangen. Seine Freunde

Schüler auf dem Schulhof

mussten mitansehen, wie man ihn abführte. Unterricht war an diesem aufgewühlten Morgen kaum möglich, zu sehr gehörte der Neue schon dazu.

*

Ich mag Regina Stieger. Sie begreift Probleme als Herausforderungen, betont das Positive. Ein bisschen skeptisch bin ich trotzdem. Läuft wirklich alles so glatt?

Zwei Referentinnen eines Netzwerks zur Demokratieförderung geben in einer sechsten Klasse einen Workshop zum Thema Vielfalt. Wenn ich »mucksmäuschenstill« sei, dürfte ich eine Weile zuhören. Ich verspreche es und setze mich hinten mit rein. Es ist eine Klasse mit viel Konfliktpotenzial. Einige Schüler haben rechtsextreme Eltern, andere sind links, einige kommen aus wohlhabenden Verhältnissen, andere leben am Existenzminimum, und dazu einige Flüchtlingskinder. Ich bin gespannt.

Die Tische wurden aus dem Raum geräumt, die Schüler sitzen im Halbkreis auf orangefarbenen Stühlen. An einer Stellwand hängen große Papiere, darauf stehen Sätze, die einige Punkte des Tagesprogramms skizzieren:

»Wer sind wir – wer seid ihr?«

»Vielfalt fetzt«

»Du nicht! Einschränkungen im Alltag«

»WIR können was tun«

»Verteidigung der Vielfalt«

Klingt alles sehr pädagogisch und durchschaubar.

Daneben stehen die »Vereinbarungen zum Umgang«:

»Höflichkeit«

»einander ernst nehmen«

»zuhören«

Mittagspause in der Regionalschule

»Blickkontakt«

»respektvoller Umgang«

Das kann wohl nicht schaden.

Zwei Schülerinnen stellen sich vor die Klasse. Als Teil einer Übung sollen sie die Lebensgeschichte eines fiktiven Mitschülers vorstellen. Die erste Schülerin sagt: »Also er kommt aus Afghanistan und seine Eltern sind gestorben und da ist er mit elf nach Europa gereist. Mittlerweile lebt er in einem Kinderdorf und wünscht sich für die Zukunft ein ruhiges und sicheres Leben.«

Die zweite Schülerin ergänzt: »Seine Haare sind schwarz. Er hört gern Techno und bastelt gern. Er würde gern mal Elektroniker werden. Am liebsten isst er Bratkartoffeln mit Spiegelei.«

»Gibt es denn irgendwelche Interessen, die ihr auch gut findet?«, fragt die Referentin.

»Ich bastle auch gerne«, sagt die erste Schülerin.

»Ich bastle nicht gern«, kommt von der zweiten.

»Würdet ihr ihn als Freund haben wollen?«

»Nee.«

Das hat ja nur so mäßig gut geklappt. Aber würde ich jemanden zum Freund haben wollen, nachdem ich fünf Sätze über ihn gehört habe? Keine Ahnung. Kommt mir alles ein bisschen plump vor. Aber ich weiß auch nicht, wie Sechstklässler ticken. Das letzte Mal, als ich mit einem zu tun hatte, war ich selbst in dem Alter.

Die nächste Gruppe stellt ihren fiktiven Klassenkameraden vor:

»Die Laura möchte wie ihre Eltern Ärztin werden. Sie ist sehr tierlieb und deswegen Vegetarierin. Ihr Vorbild ist ihre Großmutter, weil ihre Großmutter eine Professorin für Herzchirurgie an einer Universitätsklinik ist«, sagt die erste Schülerin der Gruppe.

Die zweite liest vom Blatt ab. Sie spricht leise und schüchtern mit schwerem osteuropäischem Akzent:

»Lauras Haare sind rot. Am liebsten geht sie segeln. Sie würde gerne einmal um die Welt segeln.«

»Wir haben nichts verstanden!«, ruft ein Schüler aus der hinteren Reihe.

Kinder sind so grausam.

Die Schülerin hebt nochmal an: »Am liebsten geht sie segeln, in ihrer Freizeit tobt sie gern mit ihrem Hund. Sie hört am liebsten Meeresrauschen.«

Wieder geht es um die Frage, ob die Schüler das Mädchen gerne kennenlernen würden.

»Also ich würde Laura wirklich gerne mal kennenlernen, weil ich sie gerne fragen würde, wie es so ist, wenn man Arzt ist«, sagt eine Schülerin. Scheinbar sind alle fasziniert von der Vorstellung Arzt zu sein. Eine wilde Diskussion entbrennt in den Reihen: Darf man sich dann eigentlich selbst verarzten? Darf man sich selbst Rezepte verschreiben? Die Antworten gehen im Geschrei unter. Fest steht: Laura ist populär, mehr als der Junge aus Afghanistan. Aber vielleicht lag es ja auch daran, dass er weniger zu bieten hatte: statt Leute zu verarzten, bastelt er nur.

Die letzte Gruppe stellt ein Mädchen aus dem Kosovo vor. Sie malt gerne Monster und hört Lady Gaga. Das Prinzip des Workshops haben die Kinder mittlerweile durchschaut. Die vortragende Schülerin stellt sich die Frage, ob sie das Mädchen kennenlernen will, gleich selbst und sagt dann: »Ja, mit Sicherheit. Sie scheint eine nette Person zu sein.« Dann schiebt sie hinterher:

»Das war's.«

Keine Ahnung, ob das jetzt bei den Schülern verfangen hat und Kindern, die Hakenkreuze auf ihre Hefte malen, vermitteln kann, dass Vielfalt fetzt. Vielleicht sollte man die Schüler einfach in gemischten Gruppen zu Techno oder Lady Gaga tanzen lassen? Vielleicht auf einem Segelschiff?

*

Im Foyer stand vorhin ein Junge mit seinem Vater und sagte zu einer Lehrerin, dass er nicht zum Unterricht kommen könne, weil sein Vater ihn als Dolmetscher auf dem Amt brauche. Wir erkundigen uns, wer das war, rufen an, fragen, ob wir vorbeikommen dürfen, und fahren zu dem Plattenbau, in dem die Familie wohnt.

Familie Abbas sitzt wie arrangiert auf der Eckcouch ihres sehr aufgeräumten Wohnzimmers, offensichtlich darauf bedacht, nichts falsch zu machen angesichts des überraschenden Besuchs. Links Yussuf in Sportklamotten, daneben Leen und ihre Eltern Dalin und Haitham, in einfachen, aber adretten Straßenklamotten. Die Kinder sind 14 und 13 Jahre alt und plappern sofort los, als sei die deutsche Grammatik ein Klettergerüst und das Hindurchhangeln ein großer Spaß. Ihre Eltern lächeln nur stumm, anders als ihre Kinder hatten sie nicht die Gelegenheit Deutsch zu lernen.

In Damaskus lebte die Familie in einem großen Haus, der Vater arbeitete als Bauer, die Mutter als Krankenschwester. Vor zwei Jahren flohen sie vor dem Krieg. Es war keinen Tag zu früh. Nur zwei Tage, nachdem sie weg waren, explodierte eine Bombe in der Nähe. Eine Cousine und ein Onkel kamen nur knapp davon.

In einem schwankenden Schlauchboot überquerten sie die Ägäis, zogen von Griechenland durch den Balkan nach Deutschland. Dort angekommen, wurden sie nach Neubrandenburg geschickt und die Kinder kamen an Stiegers Schule.

Familie Abbas

In Essen wohnt eine Tante und die Eltern wollten dorthin umziehen, doch Yussuf und Leen gefiel es auf der Schule zu gut. Beide lieben Stieger. Auch wenn sie mit den Jungen manchmal ein bisschen zu streng sei, sagt Yussuf. Probleme machen eher die Mitschüler. Als sie gerade neu in die Oststadt gekommen waren, zogen andere Kinder Grimassen, wenn Yussuf und Leen durch die Straßen liefen. Einmal zückte ein Junge sein Handy und sagte: »Ich rufe jetzt die Polizei und sage denen, dass ihr mich verprügelt habt.«

Der Junge geht in Yussufs Klasse und sitzt in der Reihe hinter ihm. Vor zwei Tagen nahm er einen Zirkel und stach Yussuf damit in den Arm. Yussuf zeigt uns die Wunde und sagt: »Der kriegt dann auch immer Ärger, aber er hört auf keinen.«

Auch in Leens Klasse seien drei Jungs, die keine Ausländer mögen. Die würden immer schlechte Wörter zu ihr sagen.

»Was sagen die denn so?«, frage ich.

»Dumm. Doof. Dumme Kuh. Kuh. Esel«, sagt sie.

»Und dann?«

»Meine Lehrerin hat gesagt, ich muss mich neben einen von denen setzen. Dann habe ich mich hingesetzt und er sagt schlechte Wörter, aber ich habe einfach gar nicht auf ihn gehört.«

»Und hat er dann aufgehört?«

»Ja, er hat mich kennengelernt und auch andere Araber, und jetzt ist er mit Arabern befreundet«, sagt sie.

Die Idee mit den gemischten Gruppen scheint nicht neu, trotzdem bin ich begeistert, dass es hier so gut klappt. Wenn man in Sachsen lebt und dann Freunden vom grassierenden Rassismus erzählt, hört man oft die Frage: »Aber da gibt es doch kaum Migranten, was haben die für ein Problem?« In der Soziologie ist das Phänomen bekannt: Je weniger man mit Fremden in Berührung kommt, desto mehr fürchtet man sie.

Dalin serviert Kaffee, Tee und Kekse. Thomas und ich greifen zu. Die Familie selbst nimmt nichts. Wegen Ramadan fastet sie. Den Besuchern soll es trotzdem an nichts mangeln. Als ich in Syrien, Ägypten und dem Libanon lebte, habe ich diese Gastfreundschaft ungezählte Male erlebt. Trotzdem bin ich von der Ehrlichkeit mal wieder überwältigt. Warum sollte jemand sich zum Ziel setzen, solche Menschen zu jagen?

Wir plaudern über Damaskus, schwelgen in Erinnerungen an die malerischen Restaurants, Moscheen und Basare der Stadt. Ich krame in meinem arabischen Vokabular, radebreche ein bisschen. Die vier freuen sich. Wir lachen, wenn ich mal wieder nicht weiter weiß.

Thomas wirft ein: »Wovon träumt ihr eigentlich?«

Yussuf antwortet als erster: »Dass unser Land wiederaufgebaut wird und dass ich dort als Informatiker arbeite.«

Leen sagt: »Ich möchte Ärztin werden und in Deutschland bleiben.«

Dalin: »Ich würde gerne anfangen in einem Krankenhaus zu arbeiten.«

Haitham: »Ich will einen kleinen Supermarkt für arabisches Gemüse und Obst aufmachen.«

Ich denke an Nawras Muhsen und seinen Hass auf die syrische Konkurrenz. Es wird schon gut gehen.

Wir verabschieden uns, Dalin packt uns noch eine große Tüte mit Keksen ein. Haitham sagt an der Tür: »Kommt doch vorbei, wenn wir das Ende von Ramadan feiern!«

Dann sind wir zurück am Auto und auf der B 96. Zum Fastenbrechen werden wir es nicht schaffen. Wir müssen weiter. Aber in die Oststadt von Neubrandenburg würde ich dennoch gerne mal wiederkommen. Genauer gesagt an die Regionalschule Am Lindetal, wo Regina Stieger dem vielen Hass und der Gewalt so gekonnt begegnet. Mit liebevoller Härte.

SASSNITZ

RÜCKBLICK UND AUSBLICK

Wir erreichen die Ostseeküste, schweben auf einer Hänge-
brücke über die Meerenge bei Stralsund, und dann erhebt sich
vor uns die Insel Rügen. Die Sonne bricht durch die Wolken.
Grün wogen die Felder entlang der Straße. Wir lassen die
Fenster runter, spüren den Wind im Gesicht. Bald durchque-
ren wir den hübschen Ortskern von Sassnitz, der Hafenstadt
im Nordosten. Im Schatten hoher Baumkronen finden wir das
Ende der B 96.

Wir parken, entdecken einen Trampelpfad, folgen ihm,
springen eine Holztreppe hinab und hören schon die anbran-
denden Wellen. Dann erreichen wir den Strand. Wir sehen das
Weiß der Kreidefelsen leuchten, die Weite der Ostsee. Kurz
stellen wir uns an die Wasserlinie. Dann lege ich mich auf die
Steine, schaue in den Himmel.

Was für ein traumhafter Ritt hinter uns liegt! Was für ein
riesiger Irrtum, dem wir vorher aufgesessen waren. Fast tut es
mir leid um die Zeit, die ich vor unserer Reise damit zugebracht
habe, Ostdeutschland auf seine Probleme zu reduzieren.

Ich erinnere mich an eine Frau, die wir während eines frü-
heren Roadtrips in Medow, einem kleinen Dorf bei Anklam,
trafen. Das Jobcenter hatte die Frau in eine Arbeitsbeschaffungsmaßnahme gesteckt. Auf einer Bank in der Dorfmitte
legte sie gerade eine Pause ein. Wir setzten uns dazu und un-
terhielten uns mit ihr. Ich fragte, ob die Wende für sie schwierig gewesen sei. Man hatte sie gefeuert. Ich fragte, ob die

Maßnahme schlimm sei. Sie war erniedrigend. Ich fragte nach ihrem verstorbenen Ehemann. Das kleine Erbe, das von ihm geblieben war, hatte das Jobcenter genommen.

Ich entlockte ihr das gesamte Drama ihrer Existenz, als ob es keine hellen Seiten kennen würde. Als ich endlich aufhörte zu fragen, kurz bevor wir uns verabschiedeten, sagte sie: »Ich habe mich vor kurzem frisch verliebt.« Die neue Liebe, ihr »Schatzi«, beflügelte sie. Ich fragte nicht weiter danach. Jetzt denke ich: Was für ein Fehler! Nicht nur, weil ich mir diese ganze schlechte Laune auflud, sondern auch, weil ich auf diese Weise ein verzerrtes Bild zeichnete.

Auch auf dieser Reise hätten wir viele Menschen finden können, die davon faseln »Deutschland zu verteidigen!« – um zu kaschieren, dass sie verlernt haben, von einer besseren Welt zu träumen. Thomas und ich haben diese Menschen oft getroffen. Sie sind laut und es ist schwierig sie zu ignorieren, denn sie spielen mit unserer Angst. Und Angst ist die stärkste Emotion des Menschen. Trotzdem ist sie nur eine Emotion unter vielen, und ihr ständig unsere Aufmerksamkeit zu schenken, zeugt von schwarzer Lust am Untergang. Konstruktiv ist das nicht.

Wir widerstanden am Anfang unserer Reise dieser Lust, mieden die Lauten und Traumlosen. Stattdessen gingen wir zu dem stillen Gedenken anlässlich der Befreiung vom Nationalsozialismus und trafen dort Oberbürgermeister Thomas Zenker. Während unseres Gesprächs sagte er, dass er eine Träne verdrücken werde, wenn am Dreiländereck zwischen Deutschland, Tschechien und Polen eine Brücke gebaut wird. Er sagte auch, dass die Brücke keinen verkehrstechnischen Nutzen habe. Er schämte sich nicht dafür. Dabei muss in Deutschland doch immer alles einen Nutzen haben.

Die Brücke aber sei ein Symbol, und Symbole seien wichtig. Zenker hat begriffen, dass Angst, Wut und Hass irrational

Blick über Sassnitz

sind. Man kommt ihnen selten mit Argumenten bei. Deshalb setzt Zenker ihnen den Traum von einem vereinten Europa entgegen, der Menschen über Grenzen hinweg zu Freunden werden lässt. Das klingt in der Theorie hochtrabend. Er hat damit ganz praktisch seinen Wahlkampf gewonnen.

Wie wichtig solche Bekenntnisse zur offenen Gesellschaft sind, erlebten wir an unserem Abend am Tresen in der Lausitzer Kneipe. Wir wollten nur ein, zwei Bier trinken, ein bisschen plauschen. Stattdessen mussten wir mitansehen, wie Peter mit seinem Regenbogen-Anstecker an der Jacke bitter weinte. Seine Mitmenschen akzeptieren nicht, wie er von Liebe träumt. Sie stoßen sich an seiner vermeintlichen Andersartigkeit. Wo so etwas hinführt, zeigte 1991 der Mob in Hoyerswerda. Am Ende der Hasstage steckten Glassplitter im Auge eines Mannes, und das nur, weil er aus Vietnam stammte.

Ich muss an Welzow denken: Das Zusammenleben dort wird in dem Maße zerstört, wie die Kohlebagger das Erdreich zerpflügen und der Bergbaukonzern sich bereichert, ohne die Menschen ausreichend teilhaben zu lassen. Viele verlassen den Ort. Ich wäre wahrscheinlich auch schon weg. Nicht so Gundi Jentsch mit ihrer Bärenmutterumarmung und Fußballmann Michael Stranz. Sie kämpfen. In ihrer Kneipe, auf ihrem Fußballplatz sorgen sie dafür, dass Menschen sich treffen, sich austauschen, gemeinsam in Erinnerungen schwelgen und Ziele verfolgen.

Dabei ist Welzow wirklich kaputt. Es gibt nicht viel Grund zu hoffen, dass das Morgen besser wird als das Heute. Man könnte die beiden also für naiv halten. Ich bewundere, dass sie durchhalten und auf ihre Art Brücken bauen.

Unterdessen arbeitet der Unternehmer Hagen Rösch daran, dass Welzow über die Kohle hinaus eine Zukunft hat. Klar, er mag das Geld, das er damit verdient, seinen glänzenden Audi TT. Aber besonders stolz war er in unserem Gespräch auf etwas anderes: darauf, dass er achtzig Menschen eine Arbeit gibt.

Luca, der Vagabund, erzählte uns in seinem Truck und während unseres Spaziergangs über den großen, wilden Spielplatz Kiefernhain davon, wie er immer hatte frei sein wollen. Deswegen brach er als Jugendlicher in seiner Heimatstadt Bari auf, nichts als sein Didgeridoo im Gepäck. Er lebte in besetzten Häusern in Amsterdam und Berlin, auf einem Wagenplatz in Köln. Immer unterwegs, immer neugierig. Freiheit war für ihn immer die Freiheit aufzubrechen und zu lernen, wie Menschen sich organisieren, um selbstbestimmt zu leben. Als er begriffen hatte, worauf es dabei ankommt, wurde aus dem Vagabunden ein Nomade. Statt gleich wieder aufzubrechen, wenn er irgendwo heimisch wurde, zog er nach Kiefernhain, um auf sein langfristiges Ziel hinzuarbeiten: den Truck ausbauen, das große Zelt und die Musikanlage kaufen, um damit Orte zu schaffen, an denen Menschen sich treffen können. Und sei es nur für die Dauer eines Festivals, eines Tanzes zu seinem AllerWeltRebelFolk, irgendwo in der Natur.

Sobald er das erreicht hat, will er Kiefernhain verlassen. Im Gepäck eine weitere Lektion: Gemeinschaften brauchen etwas, das diesem Ort fehlt. Ohne geteiltes Ziel droht der traurige Rückzug in den eigenen Bauwagen, die eigene Lehmhütte, das eigene Haus.

Ein paar Kilometer weiter erzählte Liedtexter Werner Karma, dass er das erlebt hat, was Luca Vaga sucht: eine Gemeinschaft, die zusammen auf etwas hinarbeitet. In der DDR habe er unter Menschen gelebt, die soffen und sich prügelten wie zu allen Zeiten, die aber auch sanft und stolz waren, weil die Gesellschaft gemeinsam vorangekommen sei. Wie ein großes Rad. Dass unter dem Rad einige Menschen zermalmt wurden – geschenkt. So sei das halt. Es fiel mir schwer, sein Schulterzucken zu akzeptieren. Zu viele Menschen wurden im vergangenen Jahrhundert für große Ideologien geopfert.

Der Leitsatz unserer Zeit, »Individualität ist alles«, war einst als Gegenmittel dazu gedacht. Jedem einzelnen sollte Toleranz entgegengebracht werden.

Karma meint, der Kapitalismus habe dieses Prinzip gekapert und die Solidarität der Menschen untereinander zerstört. Heute gelte: Jeder ist seines Unglücks Schmied. Das vernichte genauso viele Menschen wie einst die Stasi in der DDR. Die Opfer des Systems würden heute bloß nicht im Knast in Hohenschönhausen landen, sondern unter der Brücke. Hinfällig, zerlumpt, hohlwangig. Ich glaube, damit hat er Recht.

Die Toleranz gegenüber anderen ist zur Sucht nach Distinktion und Individualität verkommen. Manchmal macht uns das einsam, oft gleichgültig gegenüber dem Leid anderer.

Ich glaube aber auch, dass Karma Unrecht hatte, als er zum Abschied sagte: »Diese Gesellschaft ist traumlos.« Viele meiner Freunde stoßen sich an der Gleichgültigkeit. Sie bewundern Menschen wie Luca und ihre Träume vom besseren Zusammenleben. Nur trauen sich viele nicht, es ihm gleich zu tun. Und die Träume können sogar noch größer werden.

Als Thomas und ich losfuhren, fragten wir uns: Zeichnet die bundesdeutsche Presse ein zu negatives Bild von Ostdeutschland? Wenn ich jetzt zurückschaue, muss ich sagen: Ja, ganz bestimmt.

So, wie nach dem Mauerfall westdeutsche Investoren ostdeutsche Betriebe plattmachten, so machten westdeutsche Politiker und Journalisten auch das Ideengebäude aus Solidarität und gesellschaftlichem Fortschritt platt. In hämischer Siegerpose verkündeten sie: Weil der Kapitalismus gewonnen hat, ist er besser. Ausnahmslos.

Am Strand

Doch wo wir auf diesem Roadtrip auch hinkamen, begegneten wir Menschen mit einem großen Sinn für Gemeinschaft. Manche artikulierten das ganz groß, wie Gundis Ehemann, der feststellte: »Kapitalismus ist Ausbeutung des Menschen durch den Menschen.« Manche lebten es einfach so wie am Stehtisch links neben dem B96-Grill. Dieses feine Gespür für Solidarität hatte ich bisher immer übersehen.

Doch an dem Abend in der Bar erlebten wir auch, dass es mancherorts in Ostdeutschland an Toleranz gegenüber Andersartigkeit mangelt, dass die Solidarität oft exklusiv ist. Das mitansehen zu müssen, war brutal. Es darf nicht sein.

Thomas und ich schlendern zurück zum Trampelpfad, steigen die Treppen hoch und laufen zum Auto. Der Roadtrip ist vorbei, ein paar Stunden Fahrt noch dann sind wir wieder zuhause. Den Kopf ans Fenster gelehnt, denke ich: Das schließt sich ja eigentlich nicht aus, gesellschaftliche Solidarität und Toleranz für den Einzelnen. Es müsste halt einfach zusammen gelebt werden.

Sicherlich ist das kein ganz neuer Traum.

Wir müssen ihn bloß träumen.

TRÄUMER

Während unseres Roadtrips porträtierte Thomas Menschen, die wir trafen, und bat sie ihre Träume handschriftlich zu notieren. Einige dieser Begegnungen tauchten in diesem Buch schon auf. Andere nicht.

حلمي هو أن أتكلم
الألمانية وأعمل في المستشفى
ممرضة

دالين مروه

Mein Traum ist es Deutsch zu lernen und
als Krankenschwester zu arbeiten.

Dalin Abbas

ich träume davon
endlich mal was
"Zu" Erleben. ⊕

Berthold

Ich wünsche

... daß ... Haus

fertig wird.

Dein, ...

Mein Traum ist es,
einen Ort zu erschaffen
der Leute inspiriert
und ein jeder sein
kann wie er ist!

— Aina

MEIN TRAUM IST ES,
DIE WILDTIERE IN
AFRIKA MIT EIGENEN
AUGEN ZU SEHEN.

KARL-HEINZ

Mein Traum ist es
irgendwann mal am Meer
zu wohnen. Ein Haus am
Meer mit freien Blick in
die Ferne.

Cara

Mein Traum ist ein fröhliches und engagiertes Miteinander ohne Missgunst und Meckerei.

felix

MEIN TRAUM:

EINE WACHSENDE, WELTOFFENE
STADT IN DER VISIONEN
UMGESETZT WERDEN KÖNNEN,
ZUKUNFT GELEBT WERDEN
KANN UND IN DER DIE
MENSCHEN ERKENNEN
WAS SIE HABEN.

Ich wünsche mir
einen guten Tod,
mit der Möglichkeit
Abschied zu nehmen
von den Menschen die
mir wichtig sind

Ulla

„Unser Traum ist es,
alles zusammen zu
schaffen !"

Pia & Eve ♡

DANK

Ich danke meinem Vater, Werner Thelen, der mir die Liebe und Erdung gab, die es braucht, um zu träumen. Meiner Mutter Barbara und meinen Geschwistern Judith und David Thelen. Tilman Wörtz, Erdmann Wingert und Isabel Stettin für ihre unermüdlichen Redigaturen und natürlich auch allen anderen Mitgliedern der Agentur Zeitenspiegel. Elisabeth Ruge für ihre Unterstützung. Henryk Balkow, der mir seine bezaubernde Hütte zur Verfügung stellte. Bob Jones und Theresa Leisgang für schöne Fotos und kluge Gedanken.

Raphael Thelen

Ich danke Constanze, Camilla und Valie.

Thomas Victor

Gemeinsam danken wir Jörn Sucher, Hendrik Ternieden und Carline Mohr, die dafür sorgten, dass die »Straße der Träume« bei Spiegel Online erschien. Ulrich Hopp, Robert Zagolla und dem ganzen Team vom be.bra verlag für die gute Zusammenarbeit. Waldi und Anna für Berliner Gastfreundschaft. Allen Menschen, die wir entlang der B 96 trafen, die uns in ihr Leben ließen und ihre Träume mit uns teilten.

AUTOR UND FOTOGRAF

DER AUTOR (LINKS)

Raphael Thelen, geboren 1985 in Bonn, studierte Politikwissenschaft, Volkswirtschaftslehre und Philosophie. Von 2011 bis 2014 lebte er in Ägypten und dem Libanon. Er berichtete in dieser Zeit für regionale und überregionale Zeitungen und Magazine über die Revolutionen in Tunesien, Libyen und Ägypten sowie über den syrischen Bürgerkrieg. Nach einem Jahr an der Reportageschule Zeitenspiegel wurde er Mitglied der gleichnamigen Agentur und zog nach Leipzig. Für seine Berichte aus Ostdeutschland zeichnete ihn das Medium Magazin als einen der besten 30 Journalisten bis 30 Jahre aus. Er lebt in Berlin.

DER FOTOGRAF (RECHTS)

Thomas Victor, geboren 1983 in Jena, studierte Fotojournalismus und Dokumentarfotografie in Hamburg, Hannover und Berlin. Seine freien Arbeiten aus Europa, Amerika, Asien und Nahost wurden in nationalen und internationalen Medien veröffentlicht und europaweit ausgestellt. Thomas Victor wird vertreten durch die Photo- und Presseagentur FOCUS. Seit 2014 lebt er in Leipzig und beschäftigt sich in seinen Arbeiten mit der gesellschaftlichen und politischen Entwicklung Ostdeutschlands.